São  Cipriano

Antigo e verdadeiro livro de
- sonhos
- cartomancia
- receitas

6ª edição
3ª reimpressão

Rio de Janeiro
2023

Produção editorial
Pallas Editora

Capa
Renato Martins

Editoração
Cid Barros

Revisão
Léia E. Coelho

Copidesque
Gisele Barreto Sampaio

Todos os direitos reservados à Pallas Editora e Distribuidora Ltda. É vetada a reprodução por qualquer meio mecânico, eletrônico, xerográfico etc., sem a permissão por escrito da editora, de parte ou totalidade do material escrito.

CIP-BRASIL. CATALOGAÇÃO-NA-FONTE.
SINDICATO NACIONAL DOS EDITORES DE LIVROS, RJ.

S24
6ª ed.
São Cipriano: antigo e verdadeiro livro de sonhos, cartomancia e receitas – 6. ed. – Rio de Janeiro: Pallas, 2011.

ISBN 978-85-347-0111-2

1. Feitiçaria. 2. Sonhos. 3. Cartomancia.

96-1489
CDD 133.4
CDU 133.4

Pallas Editora e Distribuidora Ltda.
Rua Frederico de Albuquerque, 56 – Higienópolis
CEP 21050-840 – Rio de Janeiro – RJ
Tel./fax: (021) 2270-0186
www.pallaseditora.com.br
pallas@pallaseditora.com.br

SUMÁRIO

Introdução / 7
Biografia de São Cipriano / 9
A arte das cartas, segundo Cipriano /13
Modo de utilizar as cartas /15
Outro trato de Cartomancia / 21
Sonhando, garantimos a vida / 26
Palavras começadas com a letra "A" / 29
Palavras começadas com a letra "B" / 35
Palavras começadas com a letra "C" / 40
Palavras começadas com a letra "D" / 47
Palavras começadas com a letra "E" / 50
Palavras começadas com a letra "F" / 54
Palavras começadas com a letra "G" / 58
Palavras começadas com a letra "H" / 60
Palavras começadas com a letra "I" / 62
Palavras começadas com a letra "J" / 65
Palavras começadas com a letra "L" / 67
Palavras começadas com a letra "M" / 70
Palavras começadas com a letra "N" / 74
Palavras começadas com a letra "O" / 76
Palavras começadas com a letra "P" / 78
Palavras começadas com a letra "Q" / 83
Palavras começadas com a letra "R" / 85
Palavras começadas com a letra "S" / 88

Palavras começadas com a letra "T" / 91
Palavras começadas com a letra "U" / 94
Palavras começadas com a letra "V" / 96
Palavras começadas com a letra "Z" / 99
Tabela /101
Feitiçaria com bonecos segundo o bruxo Cipriano /102
Mágica do trevo de quatro folhas / 103
Mistérios da Feitiçaria /105
Receita para obrigar o marido a ser fiel / 105
Receita para forçar as mulheres a dizerem o que fizeram ou farão /107
Receita para ser feliz nos empreendimentos /107
Receita para conquistar o amor das mulheres /108
Receita para conquistar o amor dos homens /109
Verdadeira oração para enxotar o demônio do corpo /111
Oração para proteção dos raios / 112
Feitiçaria para conquistar o amor de alguém contra sua vontade /112
Feitiço para conquistar a pessoa amada /113
Palavras ditas ao sapo depois de coser-lhe os olhos / 113
Receita para ganhar no jogo /114
Receita para apressar casamentos /114

INTRODUÇÃO

Falar de São Cipriano – das suas obras, milagres, receitas e segredos quando tantos autores já escreveram o que poderíamos denominar verdadeiras enciclopédias, não nos parece tarefa das mais fáceis. Todavia, seguindo a nossa linha de publicações "CRENÇA", e tendo em vista o exame de antigo manuscrito que nos chegou às mãos quando do contato que mantivemos com determinada pessoa, cujo anonimato nos foi exigido, achamos por bem publicar esta obra e dar à mesma um cunho de autenticidade indiscutível, no que diz respeito à seletividade do que mencionamos. Em linguagem acessível – para facilidade de entendimento – analisamos o que se continha em dito manuscrito e só publicamos aquilo que entendemos como benfazejo, haja vista que a maldade deve perder-se na noite do tempo.

Desta forma, prezamos que os nossos leitores, sempre prestigiando os nossos lançamentos, aceitem mais esta publicação como uma contribuição válida para o esclarecimento público. Ainda que o anonimato sobre a pessoa que nos forneceu o antiqüíssimo manuscrito nos haja sido exigido, aqui deixamos patentes os mais sinceros agradecimentos e respeito por tudo o que de belo nos foi narrado, não só sobre São Cipriano, como, também, sobre outros assuntos religiosos, próprios da nossa linha de publicações, e que servirão de matérias para outros livros. Queira Oxalá que a vida da pessoa seja prolongada, ainda que a sua idade numérica seja avançadíssima.

    Eis, portanto, leitores, a nossa KABALA DE CIPRIANO. Uma coletânea de dados valiosos sobre aquele que reputamos o mais cabalístico de todas as eras. Façam bom proveito de tudo, pois só publicamos o proveitoso. Deixemos a maledicência para os que são pobres de espírito e não anseiam as luzes benditas de Oxalá.

BIOGRAFIA DE SÃO CIPRIANO

Cipriano, mais denominado o "Feiticeiro", nasceu em Antioquia, cidade localizada entre a Síria e a Arábia, governada pelos fenícios. A alcunha de "Feiticeiro" veio da necessidade que tinham de diferenciá-lo do célebre Bispo de Cartago, também Cipriano.

Tão logo Cipriano atingiu idade suficiente, seus pais notaram a sua capacidade de centralizar atenções e assumir posição de liderança, razão pela qual o entrosaram nas artes demoníacas, servindo a deuses falsos. Assim, Cipriano logo adquiriu perfeito conhecimento de tudo o que se relacionasse com maldades, profanações e mistérios escabrosos.

Ao completar 30 anos, viajou por diversas cidades da Babilônia, onde aprendeu astrologia e o misterioso cabalismo dos caldeus, aumentando consideravelmente o seu cartel de conhecimentos e, em conseqüência, a sua malícia e a sua capacidade de negociar com os espíritos demoníacos, tudo isso acrescido de uma vida libidinosa e totalmente impura.

Foi a tal ponto a sua capacidade de perecer que, não dando a mínima atenção às sadias recomendações de um antigo companheiro de estudos – Eusébio –, passou a ridicularizá-lo publicamente, unindo-se mesmo aos bárbaros hereges que perseguiam os cristãos, obrigando-os a renunciar ao Evangelho Sagrado, renegando Jesus Cristo.

A dilapidação de Cipriano havia chegado ao auge e nada mais se podia entender que viesse a agregar-se à sua então pútrida formação, quando o Senhor, em sua Infinita Misericórdia, achou por bem findar aquela sina, iluminando e convertendo aquele depósito de iniqüidades em fiel servidor da Sua Santa doutrina. Para tanto, servindo-se de uma donzela de nome Justina, fez com que Cipriano reconhecesse que deveria utilizar os seus poderes com outros objetivos.

Segundo tradições antioquianas, a virgindade era, como em nossos dias, a condição básica para que uma donzela servisse ao Senhor. Assim, Justina fez voto de castidade e dirigiu a sua vida aos serviços divinos, dedicando-se às orações e ao retiro espiritual.

De certa feita, um mancebo de nome Aglaide enamorou-se perdidamente de Justina. Como houvesse relutância por parte da jovem, Aglaide usou de todos os recursos e foi até mesmo ao encontro de Cipriano, para que este, com as suas artes demoníacas, facilitasse o seu intento.

Apesar de todos os recursos usados por Cipriano para atender aos anseios de Aglaide, foi tudo inútil, haja vista Justina estar ungida das graças do Senhor. No auge do desespero, Cipriano, não tendo mesmo conseguido vencer as forças do Bem que protegiam a donzela, levantou-se contra o demônio que estava atuando com as suas invocações e esconjurou-o, pelo fato de o espírito do Mal haver-se declarado impotente frente ao Poder do Senhor.

Cipriano, então, vendo que o Bem prevalecia sobre o Mal, reconhecendo que o Sinal-da-Cruz dominava perfeita e completamente os seus feitiços malignos, largou de mão todos os seus sortilégios e passou a fazer tudo, a fim de merecer a bondade de Deus, que iria admiti-lo como seu servo. Em contato com seu amigo Eusébio, confessou ser tempo de abandonar os seus abomináveis intentos e ingressar no rebanho de Deus, esperando que assim fosse admitido. Eusébio, que queria muito bem ao seu amigo Cipriano, parabenizou-o efusivamente e animou-o muito a acreditar na Misericórdia Divina, que poderia tardar, mas não falharia.

A luta que Cipriano teve de travar com os espíritos das trevas foi enorme e serviu como prova de mortificação e expiação dos males que havia causado até então, tendo sempre de fazer o sinal da Santa Cruz e invocar o nome da Virgem Maria para desanuviar as tentações das quais era alvo. Por diversas vezes, a capacidade de Cipriano foi posta à prova e ele só não caiu em desânimo pelo trabalho de persuasão do seu inseparável amigo Eusébio que se prestou, também, a levá-lo à Assembléia dos fiéis, onde eram admitidos os que desejavam reencontrar-se com Deus, após ter certeza da decisão do amigo. Frente a todos os presentes, depois da sua confissão de fé em Deus, Cipriano queimou todos os seus manuscritos malignos e distribuiu seus bens aos necessitados, ingressando no meio dos catecúmenos, passando a representar um dos mais acirrados baluartes da defesa cristã, fazendo progressos maravilhosos nos caminhos do Senhor, penitenciando-se e lutando até mesmo para ser admitido como varredor da igreja onde pagava suas expiações.

Tudo corria às mil maravilhas e tanto Cipriano como Eusébio e Justina constituíam-se num todo, levando as palavras de Deus aos mais longínquos recantos. Tais progressos, como não podia deixar de ser, chegaram ao conhecimento do Imperador Deocleciano, então em Nicomédia, que ordenou imediatamente a prisão e execução do trio, ordem executada pelo juiz Eutolmo, governador da Fenícia. Em presença da autoridade, os três confessaram com tanta veemência a sua fé em Jesus Cristo que pouco faltou para que o bárbaro se convertesse ao cristianismo.

Como medida de garantia contra o perigo de novos adeptos, foram condenados à morte. No decorrer do processo de extermínio, como nem um nem outro negasse a sua fé em Deus, o tirano mandou que fossem lançados em caldeiras de banha e cera ferventes; a surpresa foi maior, pois o fogo que crepitava sob as enormes caldeiras parecia não ter calor! Diversas modalidades de extermínação foram tentadas, mas nenhuma delas surtiu efeito. Em vista disso, principiava-se uma conversão em massa ao cristianismo naquela cidade, fato que apavorou o juiz executante.

Então, Deocleciano, cientificado do fato, mandou que os três fossem passados em degola, o que ocorreu às margens do Rio Gallo.

Os corpos dos mártires ficaram escondidos em Roma, em casa de uma pia senhora, até que no tempo de Constantino foram transladados para a Basílica de São João da Latrão.

A ARTE DAS CARTAS, SEGUNDO CIPRIANO

Tão logo Cipriano indispôs-se com Satanás, ingressando nas fileiras dos que cultuavam Jesus Cristo, uma série de manuscritos foi queimada frente aos catecúmenos, como vimos pouco antes. Contudo, dentre os manuscritos extintos, alguns escaparam. Por obras e artimanhas de terceiros, que viam em tais anotações as melhores possibilidades de enriquecer, algumas anotações de Cipriano foram escondidas e, em uma palhoça, próximo ao local onde ele atendia os consulentes, embrulhada em uma trouxa guardada no sótão empoeirado, foi encontrada a anotação que falava sobre a arte correta de deitar as cartas como adivinhação – a arte da cartomancia – ainda muito usada nos dias atuais.

Tão logo ficou constatada a autenticidade do manuscrito, imediatamente foi dada ordem para que o mesmo tivesse fim às chamas. No entanto, não se sabe por quais razões o criado encarregado de queimá-lo substituiu-o por um falso e, após guardar o verdadeiro, lançou a cópia ao fogo frente ao tribunal. Anos após, em uma biblioteca romana, o autêntico manuscrito sobre o valor da cartomancia foi achado e traduzido, revelando-se a sua autenticidade pelo termo condenatório que constava no mesmo.

Segundo as indicações ali contidas, entendeu-se o seguinte: o baralho a ser usado deverá ser composto de 40 cartas, todas passadas pelas ondas do mar, antes da arrebentação, durante sete sextas-feiras seguidas, às 12 horas em ponto, por uma jovem em estado de pureza física, dizendo: "Que os espíritos celestes e que as forças do mar te ponham virtude, baralho meu." Para que se tenha controle do valor das cartas, em relação às possibilidades, damos, a seguir, a divisão que traduzimos do manuscrito:

NAIPE DE OUROS

Ás – Promessas
Dois – Matrimônio
Três – Mimo no amor
Quatro – Apartamento
Cinco – Sedução
Seis – Fortuna fraca
Sete – Riqueza sólida

NAIPE DE COPAS

Ás – Constrangimento
Dois – Reconciliação
Três – Simpatia
Quatro – Banquete
Cinco – Ciúmes
Seis – Demora
Sete – Surpresa

NAIPE DE ESPADAS

Ás – Paixão
Dois – Correspondência
Três – Lealdade
Quatro – Na habitação
Cinco – Enredo
Seis – Brevidade
Sete – Desgostos

NAIPE DE PAUS

Ás – Vícios
Dois – Traição
Três – Desordem
Quatro – Leviandade
Cinco – Fora de casa
Seis – Cativeiro
Sete – Obstáculos

MODO DE UTILIZAR AS CARTAS

As figuras indispensáveis à armação da mesa são quatro: a dama de ouros (representa a consulente), o rei de ouros (representa o namorado ou marido), a dama de espadas (representa um rival, ou amante) e o valete de copas (representa uma pessoa intermediária, sem sexo definido). Só se usam as figuras restantes quando possam existir outras pessoas sob suspeita da consulente.

Quaisquer das outras damas serão indicadas pela denominação "esta mulher"; os demais reis e valetes, "este homem", salvo o valete de copas, "esta pessoa". Desnecessário se torna dizer que o uso das figuras é sempre referente ao sexo da pessoa consulente, devendo-se trocar a figuração enunciada se o consulente é um homem, ou seja: o consulente será representado pelo rei de ouros, a amante (ou esposa), pela dama de ouros, um rival será representado pelo valete de espadas, sendo que a única figura que permanece inalterada é a do valete de copas, que significará sempre "pessoa intermediária", sem definição de sexo.

Assim, concluímos que fixamente só servem quatro figuras que, juntamente com as outras 28 cartas, perfazem 32. Mas, por indicação de Cipriano, as cartas que se "deitam" são apenas as 24. Primeiramente, separam-se as demais figuras que não terão serventia; depois, separam-se os ases e os setes, também chamados "tentações", que serão embaralhados e colocados no centro da mesa, amontoados, com a frente emborcada, ficando na mão com apenas 24 cartas.

Após embaralhadas as 24 cartas, vão-se tirando uma a uma, com o baralho de frente para cima, deitando-as na mesa formando uma cruz, tendo ao centro o monte de ases e setes ("tentações"), na seguinte ordem:

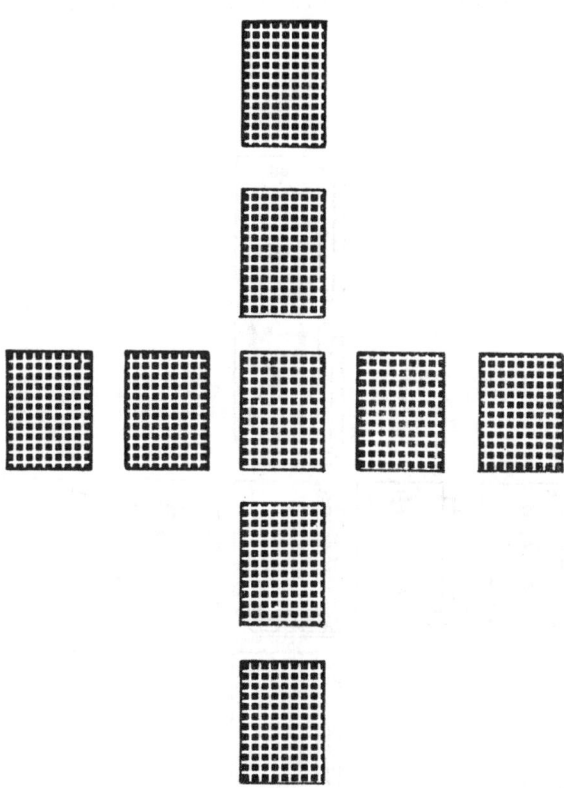

É preciso que haja o maior cuidado na disposição acertada das cartas, conforme explicamos, a fim de que a consulta tenha a necessária validade.

Em seguida, vão-se colocando as demais cartas na mesma disposição e ordem inicial, ficando cada pilha com três cartas, que, multiplicadas por 8 pilhas, darão as 24 cartas que estavam na mão. (Vide gravura abaixo.)

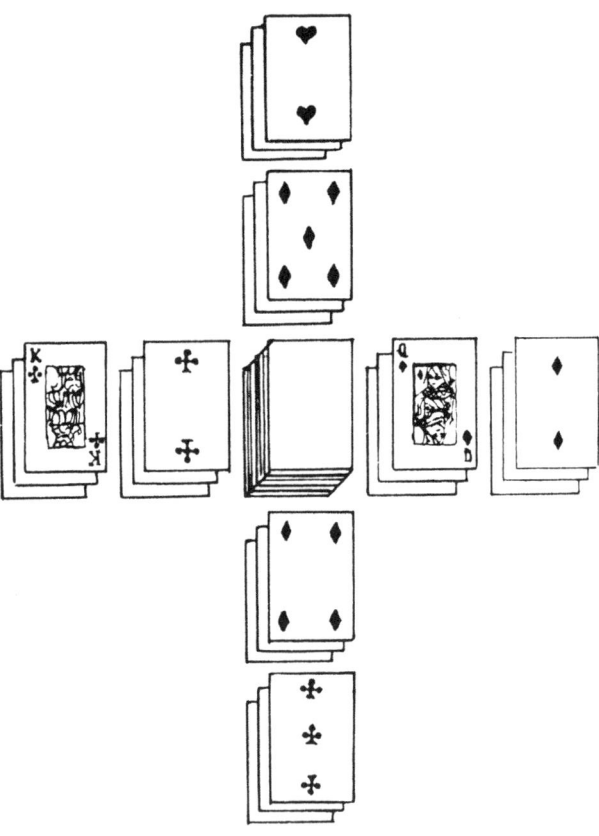

Daí por diante, considerando o valor das figuras anunciado pouco antes, vai-se desvendando a consulta. Antes de iniciar a leitura das cartas propriamente ditas, eleva-se o pensamento ao céu e, ungindo-se da maior fé possível, pureza de espírito e intenção sadia, faz-se o seguinte rogo a São Cipriano:

"Pelo poder bendito de São Cipriano, hoje santo e outrora feiticeiro, convertido pela sapiência de Jesus, rogo que estas cartas encantadas digam a verdade ao consulente, para glória do Santo e para satisfação de minha alma."

Em seguida, após haver deitado as oito primeiras cartas, benze-se com as restantes, observando a seguinte ordem das palavras: ao colocar a mão com as cartas na testa, diz-se "São"; no peito, "Cipriano"; no ombro esquerdo, "esteja"; e no ombro direito, "comigo".

Deitam-se, em seguida, as oito segundas cartas, repetindo o processo de benzer-se com as que ficam na mão, e assim por diante. De agora para frente, observando-se o valor das figuras, iniciamos a leitura do que o consulente necessita, dando personalidade às cartas, a fim de que haja correta e objetiva interpretação.

Não é demais ressaltarmos que o uso da cartomancia deve ser sempre o mais honesto possível, não se prestando aos mistificadores ou aos anormais que desejem tirar proveito da mesma para atender a interesses escusos. Que quem lida com as cartas entenda que está lidando com um voto de confiança inestimável de quem necessita, sendo inqualificável qualquer distorção de intenções. Não se esqueçam de que a "Lei do Retorno" ocorre em quaisquer circunstâncias e "só conseguimos colher aquilo que semeamos".

Para se levantar o baralho, após constatar que a consulta está completa, segue-se a ordem inversa da que foi observada quando da montagem, sendo que, após a levantada de cada oito cartas, deve-se levantar uma das "tentações" (centro da cruz). Em raríssimas ocasiões, será necessário que se levantem todas as cartas para que o consulente fique satisfeito; normalmente, já na levantada da segunda carreira de cartas, a consulta está completa. (Vide figura abaixo.)

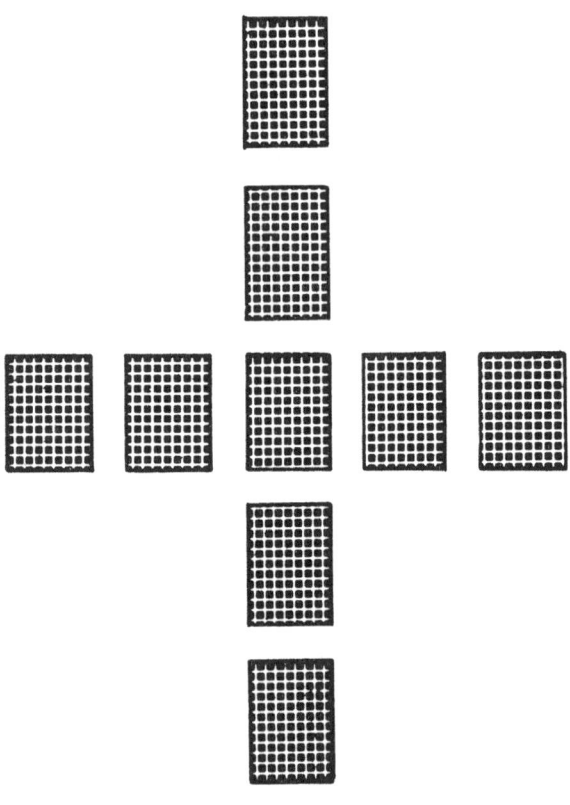

OUTRO TRATADO DE CARTOMANCIA

Apresentamos este segundo processo de usar as cartas para previsões, por havermos conseguido o mesmo após a tradução de um manuscrito bem antigo, no qual se percebe o desenho do Talismã da Sorte e a inscrição do seu local de encontro: Castelo Mouro de D. Gutierrez de Altamiras, ano de D. Fernando, "O Grande", 1065.

A relação seguinte indica o valor e a significação das cartas; para recorrer a elas basta embaralhá-las muitas vezes e voltá-las depois, uma a uma.

O símbolo da magia alquímica.

OUTROS

Rei – Homem de bem que se ocupa de vós.
Dama – Uma amiga procura fazer-vos mal; não o conseguirá.
Ás – Boa notícia no próximo correio.
Valete – Um homem que vos trairá, se o atenderdes.
Dez – Surpresa agradável.
Nove – Má notícia em tempo incerto.
Oito – Bom êxito.
Sete – Melhoria de posição.

PAUS

Rei – Homem idoso e de bom conselho, que deve ser escutado.
Dama – Vizinha de má língua, que procura fazer-vos mal.
Ás – Grande desgosto, mas de pouca duração.
Valete – Mancebo em boa posição de fortuna, que casará convosco.
Dez – Esforços coroados de bom resultado.
Nove – Satisfação de família.
Oito – Má conduta, paixão violenta.
Sete – Um casamento feliz.

ESPADAS

Rei – Homem da lei; negócios de importância.
Dama – Mulher que vos fará muito mal.
Ás – Indisposição sem perigo.
Valete – Processo e condenação.

Dez – Obstáculos ao vosso casamento.
Nove – Más notícias.
Oito – Viagem e bons resultados nos vossos esforços.
Sete – Bom êxito nos negócios.

COPAS

Rei – Homem que quer fazer a vossa felicidade; há de consegui-lo.
Dama – Mulher de bom coração que vos prestará serviços.
As – Ides receber dinheiro.
Valete – Pessoa que vos ama.
Dez – Muita prosperidade.
Nove – Discórdia de pouco tempo com uma amiga.
Oito – Perda de dinheiro.
Sete – Acontecimento feliz e inesperado.
Rei e Dama – Casamento.
Dois Reis – Dois pretendentes à vossa mão.
Três Reis – Triunfo e grande resultado.
Quatro Reis – Felicidade passageira.
Dama e Valete – Sois traída.
Duas Damas – Ciúme, rivalidade.
Três Damas – Concórdia de pouca duração.
Quatro Damas – Grande maledicência.
As e Valete – Incerteza.
Dois Ases – Amizade sólida.
Três Ases – Felicidade progressiva.
Quatro Ases – Felicidade absoluta; nada a desejar.
Valete e dez – Astúcia, soalheiro.
Dois Valetes – Suspeita.
Três Valetes – Traição, preguiça.

Quatro Valetes – Desgostos de toda espécie.
Dez e Nove – Distração.
Dois nºs Dez – Doença de pouca gravidade.
Três nºs Dez – Intrigas amorosas.
Quatro nºs Dez – Muito dinheiro.
Nove e Oito – Novos amores.
Dois nºs Nove – Teimosia.
Três nºs Nove – Posição muito mais vantajosa.
Quatro nºs Nove – Regresso ao país.
Oito e Sete – Arrufos, desavenças.
Dois nºs Oito – Grande desgosto.
Três nºs Oito – Inquietações.
Quatro nºs Oito – Isolamento.
Sete e Rei – Mau humor.
Dois nºs Sete – Demora de dinheiro.
Três nºs Sete – É um militar que vai partir.
Quatro nºs Sete – Esperanças realizadas.
Seis e Sete – Um vizinho benévolo.
Dois nºs Sete – Felicidade duradoura.
Três nºs Seis – Prazeres levados até a embriaguez.
Quatro nºs Seis – Companhia agradável.
Seis e Rei – Entrevista sem resultado vantajoso.
Seis e Dama – Uma rival pouco perigosa.
Seis e Oito – Acontecimentos lamentáveis.
Seis e Valete – Ventura efêmera.

SONHANDO, GARANTIMOS A VIDA

Segundo os mais avançados estudos, nenhum ser vivente – racional ou irracional – pode prescindir da faculdade de sonhar. Os racionais, conforme apuração científica, sobreviveriam pouco mais de uma semana se não sonhassem; os irracionais, cujos passeios pelo mundo onírico estão comprovados, durariam pouco mais de 90 dias se os mesmos não se realizassem.

Após testes e mais testes feitos por nomes exponenciais nas pesquisas, ficou provado que todos nós, em determinada data, sonhamos cerca de uma hora e meia, quando descarregamos as nossas tensões, eliminamos e solucionamos problemas que nos atormentavam e, em certos casos, "entramos no futuro", em sonhos premonitórios. Tais tipos de sonhos são cientificamente aceitos como telepatia.

É bem verdade que a grande maioria das pessoas – talvez 85 % ou mais – usa tais sonhos para tentar sortes econômicas, buscando o célebre "acertar no milhar". Em contrapartida, os estudiosos valem-se das divagações noturnas para um estudo mais profundo e sólido da mente humana, mundo insondável até então, mas que já apresenta certas luzes à ciência.

Sabe-se que, dentre os sonhos premonitórios mais famosos, está o de Abrahão Lincoln, que previu os seus próprios funerais na Casa Branca. Tais fatos ocorrem com certa freqüência entre pessoas de qualquer classe social normal.

Em todo e qualquer estudo que se faça sobre os sonhos, tem-se em mente o órgão humano de onde os mesmos partem: o cérebro – corpo físico mais complexo que se conhece, dotado de mais de 15 milhões de células nervosas, chamadas neurônios. Dentre tais células nervosas existe, com funções específicas, uma imensidade de outros componentes associados e sobrepostos, em verdadeira numeração vertiginosa e quase incalculável.

Qualquer distúrbio havido em uma dessas partículas traz-nos desequilíbrios sérios, desordens psíquicas, que só o eletroencefalógrafo (aparelho para medir a atividade elétrica do cérebro) é capaz de registrar para qualificação, qualquer que seja a sua ordem.

Segundo os artistas célebres, que em estado de vigília foram levados ao mundo dos sonhos no ato da criação artística, "arte é a reunião ocasional de objetos comuns em situação irracional", ou seja, um encontro impossível dentro da lógica cotidiana, mas viável em estado de sonho.

A ciência objetiva dos sonhos começou há cerca de 40 anos, quando observações acuradas passaram a ser estudadas. O uso do eletroencefalógrafo dá *ritmo alfa* para a vigília em repouso; *ritmo beta*, quando o examinado entra em fase de tensão; *ritmo delta* para o sono profundo. Contudo, mesmo o aparelho acusando *ritmo delta*, estando o paciente em sono profundo, surgem ondas nos *ritmos alfa* e *beta*, acusando a *fase do sonho* – por alguns denominada de *sono rápido*.

Fôssemos falar mais sobre os sonhos e teríamos oportunidade de ocupar toda esta obra. O nosso desejo, ao dar esta explicação primária aos nossos leitores, é o de fazê-los entender que os sonhos devem merecer profundo respeito de todos, sendo os seus significados adiante mencionados classificados como análogos, não sendo, portanto, infalíveis. Em conclusão, entendemos que o passeio do nosso subconsciente pelo mundo do onirismo é um perfeito reflexo das nossas atividades diárias, do nosso estado de espírito, quando entramos em vigília repousada. Pautemo-nos por ações dignas, guiemo-nos por atividades corretas e procedimentos elogiosos e os nossos sonhos levar-nos-ão aos recônditos idênticos.

A

ABANDONO (de um protetor) – devassidão, libertinagem.
ABANDONAR (o Estado) – perda por má-fé.
ABADESSA NO CONVENTO – orgulho, malícia.
ABELHAS (para o cultivador) – lucros e proveitos fáceis.
ABELHAS (para pessoas ricas) – desassossego, inquietação.
ABELHAS (matá-las) – perda, ruína total.
ABELHAS (pondo mel em casa) – sucesso imediato.
ABELHAS (sendo pegas) – ganho notório.
ABERTURA (em parede ou muro) – esperança de melhora.
ABRAÇOS (parentes ou amigos) – traição à vista.
ABRIGO (procurar contra chuva) – pena secreta.
ABRIGO (em tempestades) – bons presságios.
ABRIGOS (encontrá-los) – miséria, desespero.
ABUNDÂNCIA – segurança falsa, possibilidade de queda.
ABUTRE – doença longa, geralmente mortal.
ACADEMIA (de sábios) – tristezas.
ACADEMIA (de jogos) – enganos.
ACLAMAÇÃO (pública) – regozijo, consagração.
ACUSAR (a terceiros de crime) – tormentos próximos.
ADÃO E EVA – adoção de uma criança.
ADOÇÃO DE MENINOS – contrariedades.
ADORAÇÃO (Deus, pai e mãe) – alegria, satisfação imensa.
ADULTÉRIO – escândalos, contendas breves.
AFOGADO (ver um) – triunfo dos inimigos.
AGONIA – perda de sucesso.
ÁGUA (clara) – bom presságio.

ÁGUA (turva) – dignidade.
ÁGUA (bebê-la quente) – perigo dentre os inimigos.
ÁGUA (bebê-la fria) – cuidados, aflição breve.
AGUARDENTE – sofrimentos, grandes dores físicas.
ÁGUIA (gerar uma) – grandeza, prosperidade, fama.
ÁGUIA (circulando no ar) – bom sucesso nos projetos.
ÁGUIA (voando sobre quem sonha) – honrarias.
ÁGUIA (montá-la e sair voando) – perigo de morte para quem monta.
ÁGUIA (caindo com a cabeça para baixo) – morte de parente.
AGULHAS – inquietação, desgraça imprevista.
ALAMBIQUE – inquietação, tormentos.
ALDEÃO – desleixo.
ALDEIA – perda de dignidades.
ALECRIM – realização de projetos.
ALFAIATE – infidelidade.
ALFINETE – contradições.
ALGEMAS – livramento, desembaraço, progresso.
ALHO – contendas, litígios e revelações de coisas ocultas.
ALMANAQUE – necessidade de proceder com mais regularidade.
AMÊNDOAS (ver) – riqueza.
AMÊNDOAS (comer) – dificuldades próximas.
AMIGOS (rir com eles) – ruptura próxima, infidelidade.
AMORAS (comer) – desgostos, feridas.

AMOREIRAS (uma ou muitas, ver) – fertilidade, abundância de bens.
ANÕES – ataque de inimigos ridículos.
ANCHOVAS – fortuna polpuda próxima.
ÂNCORA – possibilidade de êxito nas esperanças.
ANDORINHA – honestidade do ente amado.
ANDORINHA (entrando em casa) – notícias breves de amigos.
ANIMAIS (morrerem) – fortuna.
ANJO OU SANTO (ver) – aumento de honras.
ANEL (dar a alguém) – danos.
ANEL (receber de alguém) – segurança em negócios.
ANZOL – engano, abuso de confiança.
APOSENTO – tristeza.
AQUEDUTO – fortuna patrimonial.
AR (puro e sereno) – amizade e estima de terceiros, reconciliação.
AR (sombrio, nebuloso) – tristeza, desprestígio, doenças.
AR (suave e perfumado) – vida pacífica, sucesso em viagens.
ARANHA (tocá-la) – benefícios em dinheiro.
ARANHA (matá-la) – perda próxima de fortuna.
AREIA – dúvidas e incertezas.
ARCEBISPO – aviso de morte.
ARCO-ÍRIS – comodidade, saúde (restabelecimento).
ARCO-ÍRIS (sobre a cabeça do sonhador) – pobreza, perigo de vida.
ARLEQUIM (ver um) – desgosto breve e passageiro.

ARMAS (ter um monte delas) – honrarias que receberá.
ARRANHADURAS – aflições.
ARROZ (comer) – abundância excessiva.
ARSENAL – boatos de guerra, contenda íntima.
ÁRVORES (verdes ou floridas) – alegria, receio inesperado.
ÁRVORES (queimadas) – desespero, dor próxima.
ÁRVORES (sem flores) – expiação.
ÁRVORES (secas) – perda em negócio.
ÁRVORES (flores grandes) – alegria, satisfação.
ÁRVORES (carregadas de frutos) – riquezas próximas.
ÁRVORE (derrubar uma) – crueldade e perdas.
ÁRVORES (cair delas) – perda de emprego ou de proteção.
ÁRVORES (colher frutos de uma) – herança.
ASSADO (comer) – ganho, esperanças.
ASSADO (ver) – melhora de possibilidades.
ASSOBIO – perigo pessoal, intrigas.
ATIRADOR – surpresas próximas.
AUDIÊNCIAS – luto, morte de parente.
AUSÊNCIA – tempestades horríveis, incêndios.
AVENTAIS – servilismo, subserviência.
AZEITE (derramado) – perda infalível.
AZEITE (derramado sobre si) – lucros polpudos.
AZEITE (colhê-lo) – grandes proveitos.
AZEITONAS (na árvore) – liberdade, paz e amizade, sucesso no amor.
AZEITONAS (no chão) – trabalho inútil.
AZEITONAS (colhê-las) – ganho próximo e certo.

B

BACIA (cheia d'água, sem usar) - morte em família.
BAILE – alegria, prazer, sucessão.
BAINHA – denúncia de segredo.
BAIXELA – comodidade.
BALANÇA – casos na justiça.
BALÃO – progressopassageiro.
BALEIA – grande perigo próximo.
BANANEIRA – casamento vantajoso, ganho de causa, herança.
BANCO – oferta enganosa de serviços.
BANHAR (em água limpa) – sucesso e saúde.
BANHAR (em água turva) – perda de um amigo.
BANHO (preparar) – notícia que nos interessa, prosperidade.
BANQUETE (gozá-lo sozinho) – avareza.
BANQUETE (acompanhado) – prodigalidade.
BARBA (tê-la grande) – persuasão, perspicácia.
BARBA (negra) – perda e cuidados.
BARBA (ruça) – erro próximo.
BARBA (arrancada ou feita) – perda de bens, de honras ou parentes.
BARBA (não a ter naturalmente) – riqueza.
BARBA (ter muito trabalho em arrancá-la) – empresa ruinosa, aumento de miséria para o sujeito a quem a arrancaram.
BARBA (em uma rapariga) – casamento pronto e vantajoso.
BARBA (em uma mulher casada) – morte do marido ou abandono próximo.

BARBA (em uma mulher pelada) – nascimento de um filho.
BARBA (lavá-la) – tristeza.
BARBA (vê-la seca) – alegria.
BARBA (vê-la fazer a outrem) – mau sinal.
BARBEAR-SE – perda de bens, de honras ou saúde.
BARRAS (jogo das) – concorrências para um emprego ou no comércio.
BARRETE (de dormir) – instante de deixar os negócios.
BARRIS ou TONÉIS – abundância.
BATEL (passar alguém sobre a água dentro de um batel) – alegria, prosperidade.
BEIJAR A TERRA – humilhação e pesar.
BEIJAR (as mãos de alguém) – amizade, boa fortuna.
BEIJAR (o rosto) – temeridade seguida de bom sucesso.
BELA (achar-se com a sua bela amada) – tentação.
BEM (fazê-lo) – nímia satisfação.
BERÇO (de criança) – fecundidade; (de verdura) – pesar, cuidado.
BESTAS (vê-las de alguém correr) – penas amargas; (ser delas perseguido) – ofensa da parte dos inimigos; (ouvi-las ornear) – tristeza; (lutar com elas) – sofrimento, enfermidades; (sonhar matá-las) – prazer, saúde.
BEXIGA – falsa glória, orgulho.
BIBLIOTECA – sábio ou letrado a consultar.
BICHO-DA-SEDA – amigos caridosos e benfeitores.
BIGODES COMPRIDOS – aumento de fortuna.
BILHA – perda por incúria pessoal ou de outrem.
BILHAR – negócio arriscado, ganho incerto.

BILHETE (de loteria, se alguém lhe vir os números) – bom sucesso. Se não os vir: despesa inútil, prodigalidade.
BISCOITO DE EMBARQUE (alguém comê-lo) – proveito, saúde.
BISPO – grande personagem.
BOCA (tê-la fechada, sem poder abrir) – perigo de morte; (tê-la infectada) – desprezo público, traição de criados; (maior do que deve ser) – aumento de honras e opulência em sua casa.
BODAS – pequena satisfação.
BOFE (ser ferido no pulmão) – perigo iminente, desejos frustrados.
BOI – criado fiel e muito útil, paz interior.
BOIS (vê-los gordíssimos) – bom tempo, felicidade próxima.
BOIS (magros) – carestia de grãos, fome; (olhá-los quando sobem) – mal e fadigas; (brancos, que saltam) – honra, proveito e dignidade; (preto) – perigo iminente; (avermelhados) – risco de vida; (lavrando) – vantagem inestimável; (sem pontas) – inimigo desarmado.
BOLA (jogar a bola) – boa fortuna; (vê-las rolar diante de si) – demora de fortuna.
BOLSA (cheia) – desgostos, pena, miséria, avareza.
BOLSA (vazia) – comodidade, contentamento de espírito.
BORBOLETAS – inconstância.
BORDADURA (ver bordar) – ambição.
BOTAS (tê-las ou calçá-las novas) – bom sucesso e ganho
BOTELHAS – alegria; (quebradas) – tristeza.
BOTICÁRIO – sofrer usura, receber injúrias.

BRAÇO (tê-lo cortado) – morte de um parente ou criado, se for o direito; de mulher, se for o esquerdo; (ambos os braços cortados) – cativeiro ou doença.

BURRO (pessoa inepta ou ignorante) – criado fiel ou zeloso.

C

CABALA (no teatro) – bacharelice, ditos malédicos.
CABANAS (nos bosques) – trabalho penoso
CABEÇA (ver uma sem corpo) – lucro; (lavar a sua) – afastamento de perigo.
CABEÇA (cortar a de um frango) – situação favorável.
CABEÇA (de javali) – recebê-las: triunfo sobre um inimigo.
CABELEIREIRO – perigo próximo.
CABELOS MAL PENTEADOS – amizade, fim de maus negócios.
CABRAS (brancas) – lucro; (pretas) – infortúnio.
CAÇA – acusação de gatunice.
CACHIMBO – guerra ou combate singular.
CADEIAS – melancolia; (quebrá-las) – tormento.
CADEIRA – distinção.
CÃES – precaução, valhacouto.
CAFÉ (vê-lo queimar) – pena e tribulação.
CAIR NA ÁGUA (se o sonhador acorda sobressaltado) – ciladas de inimigos.
CAIXINHAS (tê-las ou tomá-las novas) – sucesso e ganho.
CAJUS (gosto) – saúde; (comê-los) – notícias; (azedos) – lágrimas.
CALÇADA – mau recolhimento.
CALÇÕES – segurança.
CALHANDRA – elevação rápida.
CAMELO – riqueza.
CAMINHO (seguir um direito e fácil) – alegria, prosperidade, bom sucesso.

CAMISA – prosperidade vindoura.
CAMPAINHA (agitar uma) – dissenção caseira.
CAMPANÁRIOS – fortuna, poder, elevação; (derrubado) – perda de emprego.
CANAL NAVEGÁVEL – grande lucro.
CANHÃO (ouvi-lo disparar) – ruína próxima; (vê-lo) – surpresa danosa.
CANIVETE – inconstância, infidelidade conjugal.
CANTAR (ouvir cantar mulher ou rapariga) – aflição e lágrimas; (homens) – esperança.
CÃO (brincar com um cão) – dano; (com muitos) – avareza.
CANTOR ou CANTORA – gemidos.
CÂNTICOS (entoá-los) – fraqueza, enfermidade.
CANTO DOS PÁSSAROS – amor, alegria, prazer.
CAPÃO QUE CANTA – tristeza, aborrecimento.
CAPUCHO – reconciliação, esquecimento de faltas.
CÁRCERE – fortaleza; resistência imprevista.
CARDEAL – aumento na profissão que alguém exerce.
CARDOS (cortá-los) – preguiça.
CARNIFICINA – perda de filhos ou de fortuna.
CARRO ELEGANTE – elevação imerecida.
CARRO ELEGANTE (alguém apear-se de) – perda de postos ou dignidade.
CARTAS ou DADOS (jogá-las ou jogá-los) – embuste, perda de haveres por calúnia pérfida.
CARTAS (escrevê-las a amigos ou deles recebê-las) – boas novas.

CARTAZES (pregá-los) – desonra; (lê-los) – trabalho infrutífero.
CARTEIRA – mistério.
CARVÕES (comê-los) – prejuízos.
CASA (edificar uma) – consolação.
CASAMENTO (contraí-lo) – tempo feliz.
CASTELO – bom sinal.
CAVA, ADEGA – doença próxima.
CAVALEIRO (derrubado do cavalo) – perda.
CAVALARIA NUMEROSA – grande cuidado.
CAVALO – feliz agouro.
CEGONHA ou GROU NO AR – chegada de inimigos ou ladrões.
CEIFEIROS – prosperidade comercial.
CEMITÉRIO – prosperidade próxima.
CÉU – claro: boa sorte. Nublado: saúde irregular. Estrelado: casamento. Com luar: amor sincero: Sem nenhuma nuvem: vida tranqüila. Cinzento: embaraços financeiros. Matinal: promessa de bom futuro. Crepuscular: próximos dias trabalhosos.
CÉREBRO (tê-lo são) – sabedoria e bom sucesso.
CERVOS ou GAMOS (vê-los) – ganho.
CEVADA (tocá-la ou passá-la pelas mãos) – alegria, lucro.
CHÁ – acumulação de negócios.
CHAMINÉ – alegria, especialmente tendo fogo aceso.
CHAPÉU-DE-SOL – mediocridade.
CHAPÉU ROTO ou SUJO – danos, desonra.
CHARRUA PUXADA – desespero.

CHAVE – próximo acesso de cólera.

CHEIROS (pô-los na cabeça) – orgulho, presunção, jactância.

CHOCOLATE (tomá-lo) – alegria e saúde.

CHORAR – alegria, consolação.

CHUMBO – acusação, severidade.

CHOURIÇOS (fazê-los) – paixão.

CHUVA (estar dela molhado) – aflição, tédio.

CIDADE (incendiada e consumida) – fome, guerra ou peste.

CIDRA (bebê-la) – disputa, animosidade.

CIFRAS (menos de 90) – incerteza.

CIGARRAS, GAFANHOTOS, BESOUROS, GRILOS – faladores insuportáveis.

CISTERNA (cair nela) – calúnia.

CLISTÉR – negócios enredados.

CODORNIZES – ciladas, questões, furtos.

COELHO – fraqueza.

COFRE (cheio) – abundância.

COLCHETES – trabalho de imaginação.

CÓLERA – remate de um negócio há muito tempo indeciso.

COLAR – honra, cerimônia.

COLÉGIO (estudos) – alegria duradoura.

COLOSSO – ruína próxima.

COLUNA (sua queda) – sinal de morte próxima.

COMBATE – risco de perseguição.

COMÉDIA (vê-la representar) – sucesso seguro.

COMETA (vê-lo) – discórdia e pena.
COMERCIAR (em lã) – lucro.
COMÉRCIO (empregar-se no seu) – favor próximo.
COMUNGAR – segurança em negócios.
COMPANHIA (conversar em) – perigo de morte.
COMPRAS (fazer compras) – ganho.
CONCHA VAZIA – perda de tempo ou crédito.
CONDENADOS (nas chamas e cruelmente atormentados) – tristezas, arrependimentos, tédio, melancolia, doença.
CONFESSOR – dar ordens aos seus negócios.
CONSELHOS (dá-los) – perda de amigos.
CONTRATADOR DE BESTAS – impostura, velhacaria.
CONVULSÕES – bancarrota fraudulenta de um devedor.
COPO DE ÁGUA (receber um) – pronto matrimônio ou nascimento de criança.
CORDAS ou CORDÕES – embaraço, fadiga.
CORDEIROS (crescidos ou dormindo) – temor súbito; (tê-los) – consolação.
CORDEIROS (levá-los à cabeça) – prosperidade futura; (matá-los) – tormento.
CORDEIROS (ser afagado por alguns) – esperança lisonjeira.
COROA DE OURO (sobre a cabeça) – favor do príncipe ou proteção de uma pessoa de grande importância.
COROA DE PRATA – boa saúde.
CORRER – fortuna, presságio, dita; (assustado) – segurança; (após seu inimigo) – vitória, lucro; (nu) – perfídia de parentes; (olhar pessoas correndo umas atrás das

outras) – contendas, desordens; (se forem rapazes) – alegria, bom tempo.

CORUJA – desastre ou desgraça.

COSTA (subir uma) – padecimento nervoso; (descê-la) – nova agradável.

COXAS (mais grossas e fortes que as naturais) – parentes com elevadas dignidades, o que redundará em proveito de quem as tem.

CREDOR (receber-lhe a visita) – segurança nos negócios, misturada com algum susto.

CRIADA – suspeitas.

CRIMINOSOS (ver alguns) – morte de várias pessoas conhecidas.

CRUELDADE (praticar uma) – tristeza, descontentamento.

CUCO (vê-lo ou ouvi-lo) – prazer, boa sorte.

CRUZ – salvação, honra, perigos que se evitaram; (vê-la em alguém) – tristeza.

CURA ou PADRE – mau presságio, especialmente para doentes e criminosos.

CIPRESTE – morte, aflição ou demora em negócios.

CISNES – riqueza e poder; (negros) – desavença entre casados; (cantando) – morte.

D

DADOS (jogar os dados) – estar em risco de perder seus bens; (ganhar nesse jogo) – herança de algum parente.
DAMAS (ver muitas) – bacharelice; (de jogo) – incerteza, cálculos longos e penosos.
DAMASCO (ou outros frutos, vê-los ou comê-los) – prazer, contentamento.
DANÇAR (o sonhador) – doença próxima; (ver dançar os outros) – bom sucesso.
DATA (comemorar alguma) – negócios concluídos.
DEDAL – busca vã de trabalho.
DEDOS (queimá-los) – inveja e pecado; (cortados) – perda de amigos ou criadas.
DEITAR-SE (a mulher com seu marido, quando ele está ausente) – más novas, tristeza próxima; (o esposo com sua esposa) – alegria, lucro; (a mãe com a filha) – consolação, ou, antes, resignação necessária.
DENTES (sentir cair um) – perda de uma amiga; (dianteiros) – filhos.
DENTISTA – mentira, engano.
DESENHAR – amizade permanente.
DESENHO – proposta que se deve recusar.
DESENTERRAR UM MORTO – impiedade.
DESERTOR – notícias de um ausente.
DESMAIO – doce voluptuosidade.
DESPEJADO – ditos injuriosos contra a pessoa que sonha.
DEUS (vê-lo face a face) – consolação e alegria; (falar-lhe) – júbilo e felicidade pura; (se Ele estende o braço para o sonhador) – bênção, graças divinas, prosperidade.

DIABO (com pontas, unhas, cauda e forcado) – desespero, tormento; (conversar com ele) – tentação próxima, desesperação, perda de bens ou de vida; (se por ele arrebatado) – presságio de grandíssimo desastre; (combatê-lo) – triunfar de inimigos, glória, satisfação.

DIAMANTES – falsa aparência de fortuna; (apanhá-los) – perda, desgostos.

DIARRÉIA – doença, perda, desgostos.

DIFAMAR ALGUÉM EM SONHO – enfermidade, dores.

DILÚVIO – perda de colheita, de vindima.

DINHEIRO (contá-lo) – ganho considerável; (vê-lo somente) – cólera (gastá-lo) – perdas próximas; (achá-lo) – fortuna vindoura.

DISCIPLINA (dá-la a si mesmo ou recebê-la) – penitência para fazer, castigo a temer; (dá-la a outrem) – imprudência, temeridade.

DOCEL – tesouro oculto.

DOCES (comê-los) – enganos.

DOENTES (vê-los) – tristeza, prisão.

DORES – prova de que o sonhador se sairá bem.

DORMIR – tranqüilidade enganosa.

DOURADORA – ganho, felicidade.

DRAGÃO – riquezas, tesouros, visita a um superior, a um togado, a um grande.

DRAGONA – dignidades, especialmente em toga.

DUELO – desavença entre casados ou entre amigos, rivalidade perigosa.

E

ECLIPSE DO SOL – perda notável; (da lua) dano medíocre.

ÉGUA (bela e vigorosa) – esposa rica, moça formosa.

ELEFANTE – receio e perigo de morte; (dar-lhe de comer e beber) – amizade entre parentes; (vê-los ou possuí-los) – amizade e fim de tormento.

EMBARAÇO (achar-se em algum) – quanto maior ele for, mais será o negócio projetado.

EMBOSCADA (armar uma) – precauções a tomar; (cair nela) – empresa segura.

EMBRIAGADO (estar embriagado) – aumento de fortuna, volta de saúde.

EMAGRECER – desgostos, pleito, perda de bens, perigo de doença.

ENCANTO (formar um) – audácia e malefício; (ser dele o objeto) – perda do comércio.

ENFAIXAR (uma criança) – sucesso insignificante.

ENFERMO (ver alguém enfermo) – aflição; (estar enfermo) – ausência de todos os males.

ENTERRADO (sê-lo vivo) – risco de infortúnio para o resto da vida.

ENTUMECIMENTO – trabalho, fadiga.

ENXOFRE – pureza, justificação.

ERVAS CRUAS – dores, embaraços nos negócios; (comê-las) – pobreza, doença.

ESCADA (subi-la) – glória pouco sólida; (descê-la) – tormento e penas.

ESCALAR (uma casa, um sítio escarpado) – vitória, bom sucesso.

ESCARLATE (vestido dessa cor) – dignidade, poder, grande autoridade.
ESCOLA (escolares) – travessura, malícia.
ESCORPIÃO – cilada, infortúnios.
ESCREVER (uma carta) – notícia sem importância; (um diário ou livro) – acusação.
ESMOLA (dá-la) – privação, mediocridade; (recebê-la) – tristeza, desespero.
ESPADA – vitória e segurança em empresas; (receber um golpe dela) – desolação, temor; (ter uma) – poder confiado; (ver uma) – traição.
ESPÁDUAS (inchadas) – riqueza para a mulher do sonhador; (inchadas, pisadas, etc.) – aborrecimento de parte da família.
ESPARGOS (o mesmo que aspargos) – (no prumo) – bom sucesso de empresa; (comê-los) – confiança inspirada.
ESPELHO – traição.
ESPIAR – serviços vergonhosos.
ESPINGARDA (dar um tiro de espingarda) – proveito enganoso, tédio, cólera.
ESPINHOS (vê-los) – maus vizinhos; (se for por eles picado) – perigo na fortuna ou emprego do sonhador.
ESPIRRAR DE NOITE – longa vida.
ESPONJA – avareza, má-fé.
ESPOSA – (ver a esposa) bom significado para este sonho. Esposa na rua: doenças passageiras no lar. Esposa com os filhos: tranqüilidade doméstica.
ESTALAGEM – hospedar-se em uma: vida difícil. Ver uma sem entrar: negócios lucrativos.

ESTALO – hospitalidade, acolhimento favorável.

ESTANDARTE (vê-lo flutuar) – perigo, temores fundados; (empunhá-lo) – honra.

ESTANTE DE COURO – jovialidade fina e delicada.

ESTÁTUA (vê-la) – pena, tristeza.

ESTERCO – vergonha e proceder devasso.

ESTOJO – descoberta de objetos roubados.

ESTÔMAGO (ter dores neles) – dissipação de fortuna.

ESTORNINHO – prazer insignificante.

ESTRÉIAS (recebê-las) – miséria, pesar, tédio.

ESTRELAS (claras e brilhantes) – prosperidade, lucro em jornada, boa nova, sucesso próspero; (sombrias e pálidas) – desgraça extrema; (brilhantes na casa) – perigo de morte para o chefe de família; (caindo do céu) – ruína de uma casa grande; (caindo através do telhado) – doença, abandono de morada, incêndio.

ESTRIBO – viagem próxima.

ESTUDAR (sonhar com alguém que estuda) – alegria e contentamento de espírito.

EXÉQUIAS (de um parente, de um amigo, de um grande) – felicidade, riqueza, sucessão, casamento vantajoso; (de um incógnito, de uma pessoa pouco importante) – maledicência, enredos ocultos.

EXÍLIO (ver ir alguém para o exílio) – lágrimas, ultraje; (ir o sonhador para ele) – grande sucesso, a despeito da inveja.

F

FACADA (receber uma facada na garganta) – injúrias ou violência.
FACAS (vê-las) – injúrias, contendas; (em cruz) – briga, morte.
FACE (tê-la bela) – honras, longa vida.
FACES (gordas e vermelhas) – prosperidade interrompida; (magras, chupadas ou amarelas) – adversidade súbita.
FACÃO (ter um em punho) – honra.
FALAR (com animais) – mal e sofrimento.
FANAL, FAROL, LANTERNA – bom sucesso, honra, lucro.
FANTASMA ou ESPÍRITO TRAJADO DE BRANCO E BELO DE ROSTO – consolação e alegria; (negro e horrível) – tentação e engano; (ver muitos fantasmas) – estado angustioso.
FARINHA – morte na vizinhança; (queimá-la) – ruína súbita.
FAVAS (comê-las) – contendas, dissenções, doença.
FEBRE – desejos ambiciosos, extravagantes.
FECHADURA – roubo e perda de roupa.
FEIJÕES – crítica e maledicência da parte de um subalterno.
FEIRA – tormento, desassossego, precisão.
FEL (derramado no copo) – cólera contra os criados, contenda doméstica, perda no jogo, ataque de ladrões.
FENO (ver um bom feno) – acidente molestoso.
FERIDA (ser ferido por um lobo) – inimigos pérfidos; (curá-la) – exaltação, ostentação; (curar uma) – serviços que serão pagos com ingratidão.

FERRAR (ver ferrar um cavalo) – estorvo, penas.
FERRO (pensar nele) – mau sinal.
FERROLHO – pena secreta.
FESTÍM – alegria de pouca duração, ruína de temperamento.
FIAR – pesares, tédio.
FIGOS (tê-los na estação própria) – prazer e ventura; (fora da estação) – desgosto e infortúnio; (comê-los) – dissipação de bens; (secos) – decadência de fortuna.
FIO – mistério, intriga secreta; (dobrá-lo) – descoberta de um segredo; (embarcá-lo) – necessidade de ocultar um segredo a todos os olhos; (de ouro) – bom êxito à força de intrigas; (de prata) – intriga frustrada.
FITAS – comodidade, satisfação.
FLAUTA (tocá-la) – contenda, dissenção futura.
FLORES (de liz) – grandeza, poder.
FLORES (colhê-las) – benefício considerável; (vê-las, tê-las ou cheirá-las na estação própria) – obstáculos e maus sucessos; (se forem brancas) – tênues dificuldades; (se forem amarelas) – pena extrema; e geralmente morte, sendo elas vermelhas.
FLORESTA (estar numa floresta ou prado) – vergonha e prejuízo para os ricos; para os pobres, proveito.
FOGO (vê-lo) – cólera, perigo; (na chaminé, sem fumaça, nem faísca) – sinal de abundância; (apagado) – indigência, necessidade, falta de dinheiro.
FOGUETE – triunfo momentâneo.
FOLHAS (vê-las cair) – doença perigosa.
FOLE – mexericos falsos.

FONTE de água clara – abundância, saúde; (vê-la rebentar em sua casa) – honra e lucro.

FORCA (sentir-se pendurado nela) – dignidade, elevação.

FORMIGA – tentação.

FORNO – facilidade, riqueza; (aceso) – abundância; (muito ardente) – mudança de lugar.

FORTUNA (sobre a sua roda) – perigo próximo.

FOSSO (cair nele) – cilada, traição.

FRADE – traição de um falso amigo.

FRICASSÉ (fazê-lo ou vê-lo) – loquacidade de mulheres.

FRIEIRAS – desejos indiscretos.

FRUTOS (comê-los) – engano de mulher; (vê-los bons) – prazer, fraqueza de espírito.

FUMO – falsa glória.

FÚRIAS – tribulações suscitadas pela inveja, por ódio mortal.

G

GALANTERIA (galantear as damas) – satisfação, boa saúde.

GALEOTE – audácia, ânimo, força; (fugindo) – desgraça.

GATO – traição de parente chegado; (deitado ou dormindo) – ataque próximo; (furioso) – ataque de ladrões.

GAVIÃO (pegar um) – lucro.

GELO (olhá-lo ou caminhar sobre ele) – inimigos coléricos.

GIGANTE – grande sucesso, triunfo certo.

GIRAFA (vê-la caminhar) – grandeza, elevação.

GLADIADOR – agonia.

GOTA (se a pessoa é moça) – terror, pânico, perigo pessoal; (se for velha) – languidez e miséria.

GRANDES (ser abandonado por eles) – alegria, consolação, bom sucesso; (se for por eles visitado) – honra.

GUARDAR DENTES – saúde, segurança.

GOELA (cortá-la a alguém) – dano involuntário; (dar-lhe um golpe e não morrer) – esperança e bom sucesso.

GUITARRA – prazeres pouco dispendiosos.

H

HARPA – cura de loucura.
HERA – amizade.
HERANÇA – ruína, miséria, desespero.
HERPES, SARNA, ÚLCERAS – riquezas em proporção da grandeza desses males.
HOMEM (de bela figura) – satisfação, alegria, saúde; (sendo a mulher que sonha) – questões violentas; ciladas a temer, se for homem; (trajado de branco) – bens futuros; (de negro) – perda considerável.
HOMICIDA (sonhar com ele) – segurança.
HORÓSCOPO – engano.
HOSPITAL – miséria, privações.
HIDROPEPSIA – precisão, prenhês misteriosa.

I

IDOLATRIA – maus negócios.
ICTERÍCIA – riqueza, fortuna imprevista.
IDÓLATRA – maus negócios.
IGREJA (edificar uma) – amor divino, prosperidade; (entrar nela) – proceder honroso.
ILHA – tédio, solidão.
ILUMINAÇÃO – lágrimas.
IMAGENS – desgostos, injúrias; (sendo bem feitas) – prazer, alegria, transportes.
IMUNDICE – benevolência feita ao sonhador.
IMPERADOR (ver um e conversar com ele) – projeto de evasão, fuga, inquietações.
IMPERATRIZ – perda de postos, de dignidade, de reputação.
IMPOTÊNCIA – fortuna imprevista, ilustração.
INCÊNDIO (vê-lo) – perigo; (apagá-lo) – fortuna.
INCENSO – lisonjeiros, parasitas, traição.
INCÓGNITO (ver pessoa que não se identifica) – alegria, honra, bom sucesso e despacho de negócios.
INCUDE (bigorna) – trabalho, segurança.
INFERNO (escapar-lhe) – desgraça, se for o sonhador rico e poderoso; (se for pobre e doente) – consolação, alívio.
INIMIGOS (conversar com os seus) – desconfiança saudável; (jogar com eles) – desvantagem; (ser tomado por eles) – embaraço, negligência, preguiça.
INJÚRIAS – sinais de amizade, favor.

INQUISIDOR, INQUISIÇÃO – inocência perseguida e triunfante.

INSTRUMENTO (ouvi-lo) – cura de achaques; (tocá-los ou vê-los tocar) – exéquias.

INUNDAÇÃO – ruína imprevista, acidentes graves.

INVENTÁRIO – bancarrota, na qual o sonhador será parte.

IRMÃOS e IRMÃS – proveito e júbilo; (falar-lhes) – enfado; longa vida, se o sonhador os viu mortos.

J

JANELA (pôr-se a ela) – demanda que redundará em proveito do sonhador; (descer por ela) – quebra de um parente próximo, humilhação.
JARDIM (cultivá-lo e admirá-lo) – prosperidade próxima.
JAVALI (persegui-lo e impossibilitá-lo de fazer mal) – vitória, satisfação.
JEJUM – temores mal fundados.
JESUS CRISTO (falar-lhe) – consolação.
JOELHOS (ver alguém de joelhos) – demora em suas empresas.
JOGO (ganhar no jogo) – perda de amigos; (perder) – alívio; (jogos inocentes) – alegria, saúde, prazer, prosperidade, união de família.
JUDEU – engano, roubo, direto ou indireto; (se ele fizer algum serviço) – felicidade inesperada, bons sucessos.
JUÍZES – malícia e crueldade; (se o sonhador tem alguma coisa a ser censurada) – desculpa; (exercer-lhe as funções) – tédio.
JURAR ou ouvir jurar – tristezas e má notícia.
JUSTIÇA (se for por ela castigado) – amores, infidelidades.
JUSTIFICAR (justificar-se de uma acusação) – mérito raro.

L

LÁBIOS (tê-los vermelhos) – saúde dos amigos e conhecidos de que o sonhador não tenha notícias.
LABORATÓRIO – perigo de doença.
LABIRINTO – segredo descoberto.
LACAIOS – inimigos ocultos.
LAÇOS (achar-se preso neles) – embaraço, trabalho em sair de algum negócio.
LADRÃO (entrando furtivamente em casa do sonhador) – segurança do sonhador.
LAGOA (ver uma pequena) – bagatela, miséria, apesar do trabalho.
LAGOSTA – dor, desunião.
LÂMPADA – afastamento de negócios; (acesa) paixão e penas.
LAMPIÃO (aceso) – alegria, felicidade; (apagado) – miséria, loucura.
LARANJAS (vê-las ou comê-las) – feridas, dores ou grandes desgostos.
LARANJEIRAS – lágrimas, aborrecimentos.
LEÃO (comer-lhe a carne) – riquezas, honra, poderes vindos do príncipe; (lutar com ele) – contenda, questão perigosíssima; (vencê-lo) – bom sucesso.
LEBRE – amizade; (ver muitas lebres) – lucro; (poucas) – perdas.
LEGUMES (vê-los na terra) – aflição, trabalho.
LEITE (beber leite) – amizade de mulher; (entorná-lo) – perda no comércio.
LENTILHAS (comê-las) – ocupação.

LEOA e LEÕEZÍNHOS – felicidade doméstica.

LEPRA – proveito, riqueza com infâmia.

LEQUE – rivalidade, pequena perfídia.

LER (comédias etc., com gosto) – consolação e alegria; (livros sérios) – sabedoria, virtude; (Escrituras) – boa fortuna.

LICORES – gostos falsos.

LIGAS – doença.

LÍRIO (fora do tempo) – esperança enganosa.

LOBO (vê-lo) – avareza; (ser por ele mordido) – inclinação frustrada.

LOTERIA (vê-la tirar) – ganho no jogo.

LUNETAS – desgraça, melancolia.

LUSTRE (cheio de velas acesas) – aquisição.

LUVAS (nas mãos) – honra.

LUZES (ver muitas) – lucro.

M

MACACO – inimigo malicioso, mas fraco, estranho ou incógnito.
MACARRÃO – guloso, parasita.
MACHADO – perigo de morte.
MACHO (vê-lo) – malícia, capricho, loucura.
MACIEIRA (ver uma e comer-lhe o fruto maduro) – contendas, cólera contra amigos.
MADEIRAMENTO – operações ruinosas.
MÁGICO – acontecimento imprevisto, surpresa.
MANHÃ (levantar-se pela) – lucro, vantagem.
MÃOS (lavá-las) – trabalho, inquietação; (olhá-las) – doenças; (cabeludas) – cativeiro, tédio.
MARCHA RÁPIDA – negócio urgente.
MARCHAR COM PASSO FIRME – instrução de que o sonhador tirará proveito.
MARGEM – ventura, tranqüilidade.
MARINHEIROS – perigo de viagem.
MARIOLA – assistência de amigos ou parentes; (carregado) – ajuda solicitada e recusada.
MÁRMORE – desavença, frieza.
MARMOTA – pobreza, preguiça.
MARTELO – opressão.
MARTÍRIO (sofrê-lo pela fé) – honras e venerações públicas.
MASCARADA – astúcia, engano.
MATAR ALGUÉM E ACORDAR SOBRESSALTADO – tranqüilidade de espírito, paz de coração.
MECHAS – riquezas, tesouros.

MÉDICO (sê-lo) – gracejo.

MEALHEIRO DOS POBRES – penúria; (roubá-lo) – fortuna.

MEIRINHO – ciladas, acusação de falsos amigos.

MEL (comê-lo) – bom sucesso em negócios, segurança em jornada.

MELRO – maledicência, suspeita.

MEMÓRIA (compor uma) – acusação.

MENDIGO – desgostos domésticos.

MESA (ver uma) – alegria; (pôr-lhe a toalha) – abundância.

METAMORFOSE – viagens, mudança de sítio.

MENINO COM SUA AMA – doença perigosa.

MILHO (campo de milho) – grandes riquezas adquiridas sem dificuldades; (comê-lo) – penúria absoluta.

MISSA (ir ouvi-la) – satisfação interior; (cantada) – alegria ruidosa.

MOCIDADE (ver-se moço) – felicidade, bom tempo a passar.

MOEDA (cunhá-la) – lucro, futuro venturoso; (fabricá-la falsa) – vergonha e exprobação; (introduzi-la no comércio) – destreza e perigo; (tê-la de ouro) – angústia; (de prata) – mediocridade; (de cobre) – fortuna brilhante.

MOER (trigo) – riqueza; (pimenta) – espera incerta ou prolongada melancolia.

MOINHO – riqueza e bom sucesso em proporção à sua rapidez.

MOLHOS – mentiras, falsas novas.

MONTANHA (subi-la) – pena ou jornada no fim de certo tempo; (descê-la) – sucesso pouco importante.
MONTEPIO – fortuna, emprego, honra.
MORANGOS – lucro inesperado.
MORCEGOS (brancos) – meio sucesso; (pretos) – aflição.
MORDIDELA (tê-la no pé dada por cobra) – inveja; (senti-la) – ciúme.
MORTO (beijar algum) – longa vida; (ver algum no esquife) – indigestão; (ver morta alguma pessoa que tem saúde) – tédio, desgosto, perda de sentença; (estar morto) – favor de uma grande riqueza, longa vida, perturbada por invejosos.
MÓVEL – riqueza, fortuna.
MOCHO – enterro.
MULA (ter uma) – aumento de negócios; (carregada) – embaraço.
MULHER (ver uma) – doença; (trigueira) – doença perigosa; (clara) – livramento; (pejada) – nova agradável; (ouvi-la ralhar) – grande tormento.
MULTIDÃO – importunidade.
MÚSICA (ouvir cantar e tocar instrumento) – alegria, melhoras para a pessoa que está doente.
MIRTO (ou murta) – declaração amorosa.

N

NABOS (vê-los ou comê-los) – esperanças mal fundadas.

NADAR – prazer, comodidade, voluptuosidade.

NARIZ (vê-lo mais grosso do que o usual) – riqueza e poder; (perdê-lo) – adultério; (tê-lo monstruoso) – abundância; (ver dois) – discórdia e contendas.

NASCIMENTO (nascer) – boa fortuna.

NAVIO (no mar) – feliz presságio para o que o sonhador deseja; (a vela) – boa nova; (ricamente carregado) – volta de bom tempo; (impelido pelas ondas) – perigo.

NEGRO (ver um nu) – tristeza, desgosto, dano.

NEVE (brincar com a neve) – colheita abundante.

NINHO (achar um) – lucro; (de cobras) – inquietação grande.

NÍVEL – juízes incorruptíveis.

NÓ – embaraço; (fazer um) – enleio, perturbação; (desatá-lo) – desenredar os seus negócios e os dos outros.

NOZES, AVELÃS, CASTANHAS etc. – perturbações, dificuldades seguidas de riqueza e satisfação; (achá-las quando escondidas) – descoberta de um tesouro.

NU (estar nu) – doença, pobreza, afronta, fadiga; (correr nu) – parentes pérfidos; (ver sua mulher nua) – engano; (seu marido nu) – segurança e felicidade nas empresas; (seu amigo ou criados nus) – discórdia, contenda.

NUMERO (contar os das pessoas presentes) – dignidade, poder, ambição satisfeita.

NUVENS (vê-las precipitar umas sobre as outras) – discórdia na família.

O

OBRAS (rudes ou grosseiras) – escravidão.

OBREIROS (vê-los trabalhar) – repreensões e queixas que alguém sofrerá.

OCULISTA – falta a reconhecer, reparação a fazer.

OFERTA e VOTOS À DIVINDADE – volta à ventura, amor divino.

OLHO (perder um) – morte de ascendentes.

OLHOS (doentes) – perda de filhos ou amigos.

OLIVEIRA (cheirá-la) – casamento próximo.

ÓRGÃO – morte de parentes; (ouvi-lo) – alegria, herança.

ÓRGÃOS DOENTES – vergonha, infâmia iminente.

ORNATOS (de igreja) – tranqüilidade de espírito.

OSSOS (de morto) – penas e obstáculos.

OSTRAS – amizade e alegria.

OURO (fazê-lo) – tempo perdido; (maneá-lo) – cólera; (achá-lo) – lucro.

OVOS (em pequeno número) – ganho e lucro; (em grande quantidade) – perda de demanda; (brancos) – pequena vantagem.

P

PÁ – trabalhos ingratos.
PACTO COM O DIABO – bom sucesso por meios ilícitos.
PAI (ver o seu) – alegria.
PALÁCIO (ver um) – inveja; (habitá-lo) – favor dos grandes; (destruí-lo) – poder usurpado.
PALÁCIO REAL – intriga, complicação de negócios.
PALHA (espalhada aqui e ali) – miséria, aperto.
PALIÇADA – estorvo repentino; (transportá-la) – segurança, fortuna, triunfo.
PALITO – mau sinal.
PÁLIO – esperança de cura para um amigo doente.
PALMAS – glória e homenagem.
PÃO, TRIGO (comê-los) – lucro; (quente) – acusação; (amassá-lo) – grande prazer próximo.
PAPA – felicidade na outra vida.
PAPAGAIO – descoberta de um segredo.
PARAÍSO – infortúnio, miséria, desgostos caseiros.
PARALISIA, PARALÍTICO – miséria, doença.
PARENTES – erro, perfídia.
PÁSSAROS (apanhá-los) – gosto e lucros; (matá-los) – dano.
PASSEIO (dar sozinho um passeio) – segurança; (para dois amantes) – felicidade passageira.
PASTELARIA ou DOCES (fazê-los) – alegria e ganho.
PATOS (vê-los) – honra e favor da parte do soberano; (grasnando) – lucro e segurança em negócios.
PAUS (jogá-los) – pesar, desgraça; (vê-los cair) – ruína de um grande ou de um negociante.

PAVÃO (ver um empavonando-se) – riqueza.

PEDRAS (caminhar alguém sobre elas) – pena e sofrimento.

PEDREIRO – tédio, fadiga, gastos, lucros.

PEITO (belo e são) – saúde e alegria; (cabeludo) – lucro ao homem; (na mulher) – perda de marido; (largo) – vida longa e fortunosa em anos maduros.

PEIXEIRA – gosto seguido de pesares.

PEIXE (pescá-lo grande) – alegria e lucro; (pequeno) – desgosto e ruína.

PÉLA ou bola (jogá-la) – trabalho e pena em adquirir haveres, contendas, injúrias.

PENÚRIA – perda próxima.

PEPINOS ou MELÕES (comê-los) – falsa esperança, cura pronta, se o sonhador está doente.

PEQUENINOS (vê-los a seus pés) – alegria, lucro, saúde, prazer, consolação.

PERDÃO – saudades, desgostos, luto.

PERDIZ – trato com mulheres ingratas, falsas, maliciosas.

PERFUMES (compô-los ou distribuí-los aos seus amigos) – notícias agradáveis para eles e para si mesmo.

PEREGRINO, PEREGRINA – feliz presságio; (sê-lo) – impenitência.

PERGAMINHO – firmeza, tenacidade.

PERNAS (vê-las sãs) – alegria, ventura; (inchadas ou cortadas) – perda, dano.

PÉROLAS – miséria, tristeza; (pescá-las) – penúria, fome; (enfiá-las) – tédio, solidão.

PERUS – amigos ou parentes a ponto de enlouquecerem.

PÉS (ter dor neles) – alívio próximo; (beijar os de outrem) – arrependimento, mudanças de proceder.

PESCAR A LINHA – paciência, esquecimento de injúrias.

PESCOÇO – honra, herança; (inchado por tumor) – enfermidade próxima.

PESTE (ser acometido por ela) – fortuna divulgada, que alguém quer tirar ao sonhador.

PIMENTA – birra, teima.

PLANÍCIE (vasta e extensa) – alegria, bom sucesso.

PLANTAS (comê-las) – fim de desgosto, expedição de negócios.

POÇO (tirar-lhe água clara) – casamento vantajoso.

POLTRONA – lugar eminente.

POMBO BRANCO – consolação, devoção, feliz êxito em negócios.

POMBA – alegria, benefício, surpresa.

PONTAS (de um animal) – queda num fosso.

PONTE (passar uma) – trabalho; (vê-la rubra ou quebrada) – justo medo; (cair dela) – desarranjo no cérebro.

PORCO – pessoa ociosa, preguiçosa, avara.

PORCO-ESPINHO – negócio delicado, escabroso.

PORTA (arrombá-la) – prisão muito próxima; (queimada) – morte do dono da casa.

PORTO (de mar – ver um) – alegria, lucro, boa nova.

PRADO (achar-se nele) – gosto e saúde; (vê-lo ser tosado) – bom sinal.

PRATA – penúria; (vendê-la) – melhora em negócios.

PRATELEIRA – acontecimento notável.
PRECIPÍCIO (cair nele) – grande ultraje e riscos.
PRESENTES (oferecê-los) – ruína, decadência; (recebê-los) – lucro em casa.
PRESUNTO – salário, recompensa; (comê-lo) – aumento de família ou fortuna.
PRÍNCIPES (habitar com eles) – favor precário.
PRISÃO (entrar nela) – salvação; (viver nela) – consolação.
PROCESSO – amizade considerável.
PROCISSÃO – felicidade, alegria.
PROFANAÇÃO – infortúnio, miséria.
PROVISÃO – roubo de bens ou dinheiro.
PULGAS – aborrecimento, dissabor, incômodo.
PUNHAL (ferir com ele alguém) – desgostos superados, inimigos vencidos; (receber uma punhalada) – notícia de morte.
PUNHOS DE CAMISA – honras, empregos; (rotos) – perda de emprego.
PÚSTULAS (tê-las no corpo) – riqueza em bens territoriais ou em dinheiro.
PIRÂMIDES – grandeza e riqueza; (estar sobre as suas pontas) – boas aquisições.

Q

QUARENTENA (fazê-la) – desleixo, loucura.

QUEIJO – (contrariedade); (comê-lo) – ganho, lucro.

QUEIJOS – riqueza para algum parente ou amigo.

QUERELA – constância em amizade; (de homem) – inveja; (de mulheres) – grande tormento; (dos dois sexos) – amor quase a nascer.

R

RÁBANOS (comê-los) – doença de um parente ou amigo íntimo.
RAIO (vê-lo cair junto a si) – exílio ou fuga.
RAÍZES (comê-las) – discórdia.
RAPOSA – surpresa por ladrões; (fazê-la fugir) – inimigo cauteloso e maligno.
RAPTO – pedido de casamento.
RATO – inimigo oculto e perigoso.
RATOEIRA – precaução que se deve tomar contra maledicência.
REBECA – boa harmonia entre casados.
REBIQUE – traição, falsidade.
RECIBO – esquecimento de injúrias, perdão, absolvição.
REDE (para pescar) – chuva, ou antes, mudança de tempo.
REGATO (de água clara) – presságio de emprego honroso e lucrativo; (de água turva) – perda e dano de parte dos inimigos, incêndio e demanda.
REGOZIJOS (públicos) – miséria pessoal.
REI (ver um rodeado de sua corte) – engano, ciladas, lisonjas; (só) – clemência, perdão de injúrias.
RELÂMPAGOS ou SINAL NO CÉU – discórdia, guerra.
RELÍQUIA – tesouro em perigo.
REMÉDIO (tomá-lo a custo) – penúria; (alegremente) – desleixo.
RELÓGIO – emprego de tempo.
REPOUSO (fazê-lo) – perseguição.
REPUXO – falsa alegria.

RETRATO – longa vida à pessoa que ele representa; (receber um ou dá-lo) – traição.

RICOS (estar ou conversar com pessoas ricas) – ódio sem lucro, triunfo sobre seus inimigos.

RIR (ouvir alguém rir sem parar) – contrariedades para o sonhador.

RIVAL, RIVALIDADE – empresa desgraçada.

ROCHEDO – trabalho e pena; (subi-lo a custo) – bom sucesso tardio; (descê-lo) – perda de parentes ou amigos.

RODA – arranjo de negócios difíceis.

RODA DE FORTUNA – perigo.

RODAS (vê-las) – doença.

ROLA – fidelidade, com consórcio.

ROSAS (vê-las na estação própria) – bom sinal; (fora da estação) – mau sinal.

ROSTO (magro e pálido) – tédio, pobreza, carestia de víveres.

ROUBAR ROUPAS – queda e ruína próximas.

ROUBO (de fato, dinheiro, comestíveis) – morte ao sonhador ou algum de seus parentes ou amigos.

RUA – acolhimento favorável.

RUÍNAS – fortuna, bom sucesso, triunfo.

S

SABÃO – negócios desenredados, assistência de amigos ou parentes ricos.

SÁBIOS (conversar com eles) – engano, desilusão.

SACA-ROLHAS – fortuna imprevista.

SAGRAÇÃO (de um rei ou soberano) – felicidade, bom sucesso, triunfo momentâneo.

SAL, SALEIRO – sapiência

SALMÃO FRESCO – triste presságio, desunião nas famílias; (salgado) – união perfeita.

SANFONA (ouvi-la) – acontecimento desagradável; (tocá-la) – desgostos retardados.

SANGRAR (pelo nariz) – vergonha geral, desespero, desprezo.

SANGUE (perder o seu) – dores de cabeça, enxaqueca; (em quantidade) – fortuna.

SANGUESSUGA – avareza, usura.

SAPATEIRO – entrega de algum dinheiro.

SAPATOS – pobreza, tédio, azar, pesar.

SAPO – desavença entre amigos.

SARAU (baile) – mexericos, enredos, invejas.

SARDINHAS – azedume, contendas domésticas.

SAÚDE – mau presságio para doentes.

SEDA – riqueza, grandeza.

SEDE (ardente) – tristeza; (beber água turva) – aflições e doenças que durarão toda a vida.

SEIO (de mulher, cheio de leite) – casamento próximo.

SEIO (de mulher, arranhado ensangüentado) – esterilidade; (murcho ou enrugado) – doença de menino.

SEMEADORA – riqueza, alegria e saúde.

SEMINÁRIO – falsidade, traição.
SENADO – borrascas políticas.
SENTINELA – desconfiança, segurança.
SEREIA – traição, melancolia durável.
SERPENTE – sedução próxima; (que se enrosca) – ódio, doença, prisão, perigos; (matar uma) – vitória sobre seus inimigos; (com várias cabeças) – sedução próxima, pecado.
SERRA – expedição de negócios, bom sucesso, satisfação.
SERRALHEIRO – flexibilidade, esquecimento de si mesmo.
SOBRANCELHAS e PÁLPEBRAS (mais compridas do que as naturais) – bom sucesso em amor, boa fortuna.
SOL (vê-lo) – expedição de negócios às claras; (quando se põe) – nascimento de uma filha.
SOLDADOS – cansaço, tédio.
SOLDO – pobreza.
SONÂMBULO – descanso interrompido, agitação, tumulto.
SORTILÉGIO – engano, falsidade.
SUBTERRÂNEO – viagem.
SUICÍDIO – desgraça que o sonhador motivará a si mesmo.
SUPLÍCIO (sofrer um) – honras, respeitos por algum tempo.

T

TABACO (tomá-lo) – prazer sensual; (espalhá-lo) – despeito.
TAFETÁ – riqueza brevemente desbaratada.
TAMBOR – perda insignificante.
TAMBORETE – dignidade puramente honorífica.
TARTARUGA – inimigo secreto; (comê-la) – pequeno sucesso, obtido com dificuldade.
TETO – comando, dignidade.
TEMPO (belo) – segurança enganosa.
TENAZES – tormento, perseguição.
TENDAS – guerras ou contendas próximas.
TERRA (vê-la negra) – tristeza, melancolia, hipocondria.
TESTA (larga e alta) – espírito e juízo.
TETAS (cheias de leite) – ganho.
TEZ (pálida, amarela ou chumbada) – doença próxima, febre longa e perigosa.
TERMÔMETRO – trama, ataque oculto à reputação.
TIGRE – inimigo invejoso, furioso, irreconciliável.
TINTA – reconciliação; (derramada) – desavença prolongada.
TIO (ver o seu ou sua tia) – contendas caseiras.
TORRENTE (caminhar em sua água) – desgosto, adversidade.
TOSSE – indiscrição.
TOUPEIRA – cegueira moral.
TOURO – personagem do qual o sonhador receberá bem ou mal, segundo o veja grande ou mediano em seu vulto.
TRAGÉDIA (ver, representar uma) – perda de amigos e bens, tristezas.

TREMOR DE TERRA – perigo para a vida do sonhador.
TRIÂNGULO – objeto de respeito.
TRIGO – riqueza; (levá-lo) – enfermidade.
TÚMULO (estar dentro dele) – perigo e trabalho.

U

ÚLCERAS ou SARNA (nas pernas) – cuidados, desgostos; (nos braços) – perda de tempo, dores.

UMBIGO – más novas de pai ou mãe, perigo de sua morte.

UNGÜENTO (fazê-lo) – alegria; (usá-lo) – grande lucro.

UNHAS (mais compridas do que as usuais) – grande proveito; (mais curtas) – perda e desgosto.

UNIFORME (trazer um) – glória, valor, celebridade.

URSO (vê-lo) – inimigo rico, poderoso, audaz, cruel, mas inábil; (ser atacado por algum) – perseguições das quais o sonhador se sairá bem.

URTIGAS ou CARDOS – traição; (ser por elas picado) – prosperidade.

UVAS (comê-las em sua madureza) – alegria, ganho, gozo, volúpia; (verdes) – pequena contrariedade seguida de grande lucro; (secas) – perda, cuidado, amargura; (pisá-las) – vitória sobre seus inimigos; (vermelhas) – censura; (brancas) – inocência.

V

VACAS (possuí-las) – contrariedade.
VASO (ver junto a uma fonte) – trabalho.
VEIAS – desgosto.
VELA (fazê-la) – alegria, satisfação; (acesa) – demora nos negócios.
VELHA – sabedoria.
VELUDO – honra, riqueza.
VENCER (sua mulher) – desordem e devassidão; (seu marido) – desonra próxima.
VENENO – peste, contágio.
VENTO – perigo de fortuna, agonia.
VENTOINHA – favor de um grande.
VENTRE (magro) – desembaraço de um mau negócio.
VÉU (de mulher) – modéstia, boa qualidade na pessoa amada.
VERDURA – diversão no campo.
VESTE (ver uma ou tê-la sobre o corpo) – miséria não merecida; (bordada) – fortuna.
VESTIDO (branco) – júblio para quem o traz; (sujo, roto ou grosseiro) – tédio, tristeza futura, pecado, vitupério, desprezo geral; (coberto de ouro ou bordado) – júbilo, respeito, honra; (trazê-lo de cores várias) – desgostos; (preto) – alegria.
VIAJAR (a pé) – trabalho, demora; (em companhia) – bacharelice; (em carruagem fechada e suntuosa) – fortuna segura.
VIANDA – alegria; (comê-la) – júbilo agudo por saudades, dano; (negra ou dura) – perdas, desgostos.

VÍBORA – inimizade irreconciliável.
VITÓRIA – lágrimas.
VIDRO – situação precária.
VINAGRE (vermelho) – afronta pessoal; (branco) – insulto feito a outrem; (bebê-lo) – contrariedades domésticas.
VINDIMA – prazer, saúde, alegria, riquezas proporcionais à quantidade de uva.
VINGANÇA – demanda longa e ruinosa.
VINHO TURVO – riqueza; (bebê-lo puro) – força, vigor, saúde; (aguado) – debilidade de saúde.
VIOLETA (na estação própria) – bom sucesso; (fora da estação) – demanda, perda de amigos.
VIZINHO, VIZINHA – discursos mais ou menos perigosos.
VISITA DE MÉDICO – lucro (recebê-la) – lágrimas; (fazê-la) – contenda injusta.
VISTA (tê-la longa e aguda) – felicidade e bom sucesso em todas as empresas.
VIUVEZ – satisfação, júbilo.
VIVANDEIRO, VIVANDEIRA – recurso para o instante último.

Z

ZEBRA – amizade mal empregada, ingratidão.
ZÉFIRO – inquietação insignificante.
ZERO – poder, fortuna.
ZODÍACO (ver um signo do) – fortuna para a loteria.

TABELA

Grau de veracidade ou falsidade dos sonhos, segundo influência que neles exerce a idade da Lua.

Dias da Lua	Grau de veracidade ou falsidade dos sonhos
1	O sonho neste dia é precursor de felicidade.
2	Inteiramente falso.
3	Não terá efeito algum.
4	Anuncia felicidade que, sem dúvida, se realizará.
5	Sem utilidade.
6	Havendo discrição, anuncia bom resultado.
7	Deve-se tomar em consideração, porque se relizará.
8	Também é realizável.
9	Terá efeito antes do fim do dia.
10	Realiza-se com proveito.
11	Verificar-se-á dentro de quatro dias.
12	Verifica-se justamente o contrário do que se sonhou.
13	Realizável.
14	Tardará muito a se verificar.
15	Se for de números, entrai na loteria.
16	Verdadeiro.

17	Não se deve contar antes de passar o terceiro dia.
18	Efeito demorado.
19	Dará alegria.
20	Terá efeito dentro de quatro dias.
21	Não merece atenção.
22	Dentro de alguns dias terá efeito.
23	Realiza-se em três dias.
24	Verifica-se completamente.
25	Terá efeito demorado.
26	Merece atenção, porque será útil.
27	É verídico.
28	O mesmo.
29	Anuncia fortuna.
30	É mentiroso. Acontecerá o contrário.
31	Proveito duvidoso.

FEITIÇARIA COM BONECOS SEGUNDO O BRUXO CIPRIANO

Preparai um boneco e uma boneca, feitos com panos de linho ou algodão; depois de estarem prontos, deveis uni-los um ao outro e muito abraçados.

Em seguida a esta operação, pegai em um novelo de linha branca e começai a enroscá-la em volta dos ditos bonecos, dizendo o que se segue, dando primeiro o nome da pessoa que se quer enfeitiçar:

"Eu te prendo e te amarro em nome de Nosso Senhor Jesus Cristo, Pai, Filho e Espírito Santo, para que debaixo deste santo poder não possas comer nem beber, nem estar em parte alguma do mundo sem que estejas na minha companhia, fulano. Eu, (fulano), aqui te prendo e amarro, assim como prenderam Nosso Senhor Jesus Cristo no madeiro da cruz; e o descanso que tu terás enquanto para mim não te virares, é como o que têm as almas no fogo do purgatório, penando continuamente pelos pecados deste mundo, e como o que tem o vento no ar, as ondas do mar sempre em contínuo movimento, a maré a subir e a descer, o Sol que nasce na serra e que vai pôr-se no mar. Será esse o descanso que eu te dou enquanto para mim não te virares com todo o teu coração, corpo, alma e vida; debaixo da santa pena de obediência e preceitos superiores, ficas preso e amarrado a mim, assim como ficam estes dois bonecos amarrados um ao outro."

Estas palavras devem ser repetidas nove vezes ao meio-dia.

MÁGICA DO TREVO DE QUATRO FOLHAS

Leitores, o trevo de quatro folhas tem as mesmas virtudes que a semente do feto; por isso, será escusado estar a enfadar-vos mais sobre esta matéria.

Entendemos que isto será bastante para ficarem convictos e sabedores das virtudes do trevo de quatro folhas.

Para obterdes o trevo, fazei da maneira seguinte:

Na véspera de São João, procurai pelos campos uma febra de trevo que tenha quatro folhas. Logo que a encontrardes, fazei um signo de Salomão em volta dela e deixai-a ficar até a noite. Quando, porém, os sinos tocarem a Santissima Trindade, voltai junto dele e dizei a oração seguinte: (Começai por fazer o Credo-em-Cruz sobre o trevo, isto é, a fazer o Credo e a fazer cruzes com a mão sobre o dito trevo.)

ORAÇÃO

"Eu, criatura do Senhor, remida com o seu Santíssimo Sangue, que Jesus Cristo derramou na Cruz para nos livrar das fúrias de Satanás, tenho uma vivíssima fé nos poderes edificantes de Nosso Senhor Jesus Cristo. Mando ao demônio que se retire deste lugar para fora, e o prendo e amarro no mar coalhado, não perpetuamente, mas sim até que eu colha este trevo; e logo que eu o tenha colhido te desamarro da tua prisão. Tudo isto pelo poder e virtude de Nosso Senhor Jesus Cristo. Amém."

OBSERVAÇÃO

Quando se estiver a prender o Demônio no mar coalhado, se ele vos aparecer naquele momento e vos disser: "Criatura vivente, filho de Deus, peço-te que não me prendas, vê já o que queres de recompensa", então, respondei-lhe: "Retira-te, Satanás, dez passos ao largo e ausenta-te de mim."

O Demônio logo se ausenta, e depois pede-lhe aquilo que quiserdes que ele tudo vos fará para não ir preso. Depois de lhe dizerdes o que quereis que vos faça, obrigai-o a fazer um juramento, do contrário ficais enganados, porque o Demônio é o pai e a mãe das mentiras; porém, fazendo-vos o juramento não vos pode faltar, porque Deus não consente que ele engane uma criatura batizada e remida com o seu Santíssimo Sangue.

No fim de tudo isto bem executado, apossai-vos do trevo, com que podeis fazer tudo quanto desejardes, porque assim está escrito por São Cipriano, no seu livro, capítulo CXLV.

MISTÉRIOS DA FEITIÇARIA

Extraído de um manuscrito de Mágica Preta, que se julga do tempo dos mouros.

Procedendo-se a umas escavações na aldeia de Penacovã, no ano de 1410, encontrou-se ali um manuscrito em perfeito estado de conservação.

Nesse pergaminho precioso, encontraram-se coisas muito curiosas, algumas das quais vamos apresentar aos leitores, convictos de que lhes prestamos um bom serviço.

Foi este pergaminho, hoje existente na Biblioteca de Évora, que deu assunto a um livro de engrimanços muito aceito hoje no Brasil, intitulado *O Livro do Feiticeiro*.

Daremos, a seguir, uma parte desses mistérios.

RECEITA PARA OBRIGAR O MARIDO A SER FIEL

Tome a medula de um pé de cachorro preto, desses de raça pelada, e encha com ela um agulheiro de pau. Envolva depois o agulheiro num pedaço de veludo encarnado, perfeitamente justo e cosido. Depois, descosendo-se a parte do colchão que fica entre o marido e a mulher, introduza o agulheiro, de modo que não venha a incomodar de noite.

Isto feito, a mulher deve tornar-se muito amável e condescendente com o marido, concordando em tudo com a suprema vontade. Procurará rir quando ele por acaso estiver triste, prometendo ajudá-lo se, por fatalidade, a sorte lhe for adversa, e deve também resignar-se quando desconfiar de que ele tem alguma amante, fingindo até que não o sabe.

À noite, na hora de deitar, e de manhã, ao levantar da cama, dar-lhe umas vezes uma comida ou bebida com bastante canela e cravo, e outras em chocolate com grande porção de bauniha, canela e cravo.

Dormirá completamente despida, encostando o mais que puder o seu corpo no do marido, para lhe transmitir o calor e o suor.

Todas as vezes que ele entrar em casa, dar-lhe-á alguma coisa, e dirá que pensou nele. O mimo poderá ser fruta ou doce de que ele goste, uma flor e, na falta destas coisas, um abraço acompanhado de um beijo.

Se ele tiver mau gênio, se for grosseiro e áspero, jamais deverá contrariá-lo antes deve ameigá-lo. Se ele for dócil, mas inconstante, deve sempre apresentar-se superior a ele em todos os atos da vida e em todos os sentimentos.

Esta receita, sendo observada com atenção às formalidades que aqui deixamos expostas, é de um efeito incontestável.

Experimentem as leitoras, e darão por bem empregado o seu tempo.

RECEITAS PARA FORÇAR AS MULHERES A DIZEREM O QUE FIZERAM OU FARÃO

Tome o coração de um pombo e a cabeça de um sapo e, depois de bem secos e reduzidos a pó, encha um saquinho, que se perfumará juntando ao pó um pouquinho de almíscar. Deite o saquinho debaixo do travesseiro da pessoa quando estiver a dormir, que passado um quarto de hora saber-se-á o que deseja descobrir.

Logo que a pessoa deixar de falar, ou poucos minutos depois, tire o saquinho debaixo do travesseiro para não expor a pessoa a uma febre cerebral, que poderá causar-lhe a morte.

RECEITA PARA SER FELIZ NOS EMPREENDIMENTOS

Tome um sapo vivo, corte-lhe a cabeça e os pés numa sexta-feira, logo depois da lua cheia do mês de setembro; deite esses pedaços de molho por espaço de 21 dias, em óleo de sabugueiro, retirando-os depois deste prazo às 12 badaladas da meia-noite; expondo-os depois por espaço de três noites seguidas aos raios da lua, calcine-os num pote de barro, que não tenha ainda servido, misturando depois igual quantidade de terra de cemitério, mas justamente do lugar em que esteja enterrada alguma pessoa da família a quem se destina a receita.

A pessoa que a possuir pode ter toda a certeza de que o espírito do defunto velará pela sua pessoa e por todas as coisas que empreender, por causa do sapo, que não perderá de vista os seus interesses.

RECEITA PARA CONQUISTAR O AMOR DAS MULHERES

Antes de tudo, convém estudar, embora pouco, o caráter e o gênio da mulher que se quer alcançar, regular e dirigir sua norma de conduta e modos em relação ao conhecimento que se tiver obtido a esse respeito.

Inútil será recomendar, conforme os recursos, um traje, não direi já elegante ou rico, porém sempre de uma limpeza inexcedível. O homem enxovalhado não pode cativar as mulheres. A limpeza no fato, por conseguinte, ainda mais a recomendamos no que diz respeito às partes do corpo.

Logo que seja observada esta primeira condição, consiga seis meses depois um coração de um pombinho virgem, e faça-o ser engolido por uma cobra. Quando a cobra morrer, tome a cabeça dela e seque-a no borralho ou sobre uma chapa de ferro bem quente, sobre um fogo brando. Depois, reduza-a a pó, pisando-a num almofariz, no fim de lhe haver juntado algumas gotas de láudano; e, quando quiser usar a receita, esfregue as mãos com uma parte desta preparação.

RECEITA PARA CONQUISTAR O AMOR DOS HOMENS

A receita aconselhada aos homens para conquistar o amor das mulheres, e que precede esta, é, sob todos os pontos de vista, a que as mulheres devem utilizar para conquistar os homens; porém, a eficácia desta receita depende de certas práticas que não se devem desprezar, nem esquecer.

Vamos apontá-las:

A mulher procurará obter do homem que escolheu uma moeda, medalha, alfinete ou qualquer outro objeto ou fragmento, contanto que seja de prata e que ele o tenha trazido consigo por espaço de 24 horas, pelo menos.

Aproximar-se-á do homem tendo a prata na mão direita, oferecendo-lhe com a outra um cálice de vinho onde se tenha desmanchado uma bolinha do tamanho de um caroço de milho, da seguinte composição:

Cabeça de enguia – uma.

Semente de cânhamo – um dedão.

Láudano – duas gotas.

Logo que o indivíduo tenha bebido um cálice deste vinho, há de forçosamente amar a mulher que lhe tiver dado, ou mandado dar, não lhe sendo mais possível esquecê-la enquanto durar o encanto, cujos efeitos se podem renovar sem o menor inconveniente. Se, por acaso, o homem for tão forte que resista à ação do medicamento, ou o medicamento não o apaixonar imediatamente, a mulher, então, se o tiver junto de si e a sós, dê-lhe de beber uma chícara de chocolate, na qual deitará, ao bater dois ovos:

Canela em pó – duas pitadas.

Dentes de cravo – cinco.

Baunilha – dez gramas.

Noz-moscada raspada – uma pitadinha.

Depois de pronto, tiram-se os dentes de cravo e deita-se:

Tintura de cantáridas – duas gotas.

Se o indivíduo quiser ou pedir alguma coisa para comer, deve dar-lhe de preferência pão-de-ló.

Às vezes, se a mulher não tiver muita pressa de prender o homem, basta o chocolate com o cravo, baunilha e canela.

O chocolate pode ser substituído pelo café; porém, neste caso, prepara-se o café com erva-doce, ajunta-se simplesmente uma gota de tintura de cantárida.

Não ocultaremos à leitora que o indivíduo logo desconfia de que o querem enfeitiçar.

Se a mulher recear que o homem lhe escape, e deseja conservá-lo por muito tempo, repetirá o primeiro medicamento de quinze em quinze dias e, nos intervalos, convidando-o para almoçar ou cear, deve dar-lhe:

Ao almoço, uma fritada ou omelete preparada da seguinte maneira:

Bata os ovos bem batidos; depois, lançando-os do alto da espinha nua, deixe-os escorrer pela extensão, indo em seguida apará-los embaixo, onde acaba a espinha. Faça depois a fritada e ponha na mesa, ainda quente.

Ao jantar, pisando e picando a carne para almôndegas, coloque os ovos batidos, e, depois, antes de levar as almôndegas ao fogo, passe-as uma a uma no corpo suado, peito, costas e barriga, fazendo-as demorar um pouco debaixo das axilas.

O café que lhe for servido no almoço e no fim do jantar será coado em um pedaço de pano retirado da roupa da própria mulher. Essa roupa deverá ter sido usada por ela pelo menos durante duas noites.

Afiançamos que esta receita tem concorrido para a felicidade de muitas mulheres.

VERDADEIRA ORAÇÃO PARA ENXOTAR O DEMÔNIO DO CORPO

A importância desta oração em algumas combinações cabalísticas é conhecida por todos aqueles que se entregam ao estudo das ciências chamadas ocultas. Vamos aqui repeti-la em toda a sua pureza, com toda a sua exatidão e verdade.

"Imortal, eterno, inefável e santo Pai de todas as coisas, que de carro rodante caminhas sem cessar por esses mundos que giram sempre na imensidade do espaço; dominador dos vastos e imensos campos do éter, onde ergueste o teu poderoso trono, que despede luz e luz, e de cima do qual teus tremendos olhos descobrem tudo, e teus largos ouvidos tudo ouvem! Protege os filhos que amaste desde o nascimento dos séculos, por longa e eterna duração. Tua majestade resplandece acima do mundo e do céu das estrelas! Tu te elevas acima delas, ó fogo cintilante; e tu alumias e te conservas a ti mesmo pelo próprio resplendor, saindo de tua essência correntes inesgotáveis de luz, que alimentam teu espírito infinito! Este espírito infinito produz todas as coisas, e constitui esse tesouro imorredouro de matéria, que não pode faltar à geração que ela rodeia sempre pelas mil formas de que se acha cercada, e com a qual revestiste e encheste desde o começo. Deste espírito tiram também sua origem esses santíssimos reis que se acham de pé ao redor do teu trono e que compõem tua corte, ó Pai universal! Ó único Pai, bem-aventurados mortais e imortais! Tu tens em particular poderes que são maravilhosamente iguais ao teu eterno pensamento e à tua adorável essência. Tu os estabeleceste superiores aos anjos, que anunciam ao mundo tuas vontades. Finalmente, tu criaste mais uma terceira ordem de soberanos nos elementos.

"A nossa prática de todos os dias é louvar-te e adorar as tuas vontades. Ardemos em desejos de possuir-te. O Pai! Mãe! Terna Mãe, a mais terna Mãe, a mais terna de todas as Mães! Ó Filho, o mais carinhoso dos Filhos! Ó forma de todas as formas! Alma, Espírito, harmonia, nomes e números de todas as coisas, conserva-nos e sê-nos propício. Amém."

ORAÇÃO PARA PROTEÇÃO DOS RAIOS

Passa-se uma fita branca no braço, pescoço ou cintura de Santa Bárbara, logo no começo da trovoada e acenda-se uma vela de quarta.

Feito isto de hora em hora, depois de ter lavado aboca três vezes com três bochechos de água, dir-se-á:

"Eu vos peço, Senhora, que intercedais por mim junto daquele que por nós morreu resignado. Como essa fita que cingi ao pescoço, tenho a alma pura e puras as intenções. Livrai-me, Senhora, a mim que sou digno (ou digna) da vossa proteção, contra os terrores do raio. Amém."

FEITIÇARIA PARA CONQUISTAR O AMOR DE ALGUÉM CONTRA SUA VONTADE

É muito simples fazer este feitiço, mesmo sendo este mais poderoso que os demais, como afirma São Cipriano em sua obra.

No livro da sua vida, enquanto feiticeiro, diz ele que a razão por que o sapo tem grande força mágica e feitiço é porque o demônio tem parte com ele, por ser a comida que Lúcifer dá às almas que estão no inferno.

Por este motivo, leitores, podeis fazer com o sapo quantas qualidades de feitiçarias quiserdes, conforme aqui vos ensinamos.

FEITIÇO PARA CONQUISTAR A PESSOA AMADA

Agarrai um sapo dos maiores, que seja macho, se o feitiço for para homem. Depois de o terdes seguro, pegai-o com a mão direita e passai-o por baixo do ventre cinco vezes, dizendo as seguintes palavras:

"Sapo, sapinho, assim como eu te passo por debaixo do meu ventre, assim fulano não tenha sossego nem descanso enquanto para mim não se virar com todo o coração, corpo, alma e vida."

Depois de dizer as palavras acima, pegue em uma agulha das mais finas, enfie um fio de retrós verde e depois cosa os olhos do sapo, de modo que não ofenda a menina do olho, do contrário fica cega a pessoa a quem se quer enfeitiçar. Só se cose a pelinha de fora dos olhos, reunindo a de baixo à de cima, de maneira que o sapo fica com os olhos escondidos sem ficar ofendido.

PALAVRAS DITAS AO SAPO DEPOIS DE COSER-LHE OS OLHOS

"Sapo, eu, pelo poder de Lúcifer, o príncipe Belzebu, cosi os teus olhos, o que devia fazer ao fulano (o nome da pessoa) para que ele ou ela não tenha sossego nem descanso em parte alguma do mundo sem a minha companhia e ande cego para todas as mulheres (ou homens). Só unicamente veja a mim e só em mim tenha o pensamento."

Deitai depois o sapo em uma panela grande e dizei: "Fulano (dá-se o nome da pessoa), aqui estás preso e amarrado sem que vejas sol nem lua, enquanto não me amares. Daqui não te soltarei; aqui estás preso e amarrado assim como está este sapo."

RECEITA PARA GANHAR NO JOGO

Mande fazer uma figa de azeviche, recomendando essencialmente que a façam com uma faca nova e de aço fino.

Leve logo em seguida a figa ao mar, suspensa em uma fita de Santa Luzia, e passe-a três vezes, sete vezes ou 21 vezes pelas espumas das ondas.

Enquanto assim proceder, reze três vezes o Credo, muito baixinho, quase imperceptivelmente, e ofereça à Santa Luzia uma de quarta.

O jogador deverá trazê-la ao pescoço quando jogar; tendo, porém, o cuidado de não se deixar cegar pela ambição, nem tampouco se arrastar pela cobiça, para tirar desta receita um resultado satisfatório.

RECEITA PARA APRESSAR CASAMENTO

Pegue um sapo preto e ate em volta da sua barriga qualquer objeto do namorado ou da namorada com duas fitas, uma escarlate e outra preta; meta depois o sapo na panela de barro, e pronuncie estas palavras com a boca na tampa:

"Fulano (o nome da pessoa), se amares a outro que não a mim ou dirigir a outrem os teus pensamentos, ao diabo, a quem consagrei a minha sorte, peço que te encerre no mundo das aflições como acabo de aqui fechar este sapo e que de lá não saias senão para unir-te a mim que te amo de todo o meu coração."

Proferidas estas palavras, tape bem a panela, refrescando o sapo todo os dias com um pouco de água; e, no dia em que o casamento se ajustar, solte o bicho junto de algum charco, e com toda a cautela, porque, se o maltratarem, o casamento, por muito bom que tivesse de ser, tornar-se-á intolerável; será uma união desgraçada, tanto para o marido como para a mulher.

MESTRE LEONARDO
O Bode satânico que preside todos os Sabbats